財政学

李　熙錫

FINANCE

PUBLIC

税務経理協会

はじめに

　200年ほど前の19世紀初頭，韓国史上最大の貿易王になった林尚沃は，清国国境近くの義州の貧しい交易商人の子として生まれ，努力と機運に乗って大活躍した伝説の経済人である。林尚沃は最期に臨んで，「財上平如水　人中直似衡」という遺言を残し，自らの財産をすべて社会に還元した。「財物は平等な水に等しく，人は正しい秤に等しい」という言葉である。

　私は，財政学の奥義にも相通じるこの言辞を，座右に置きながら研究に励んできた。今，ようやく様々な恩人に支えられて，専門分野の論考を公刊できることは至福の喜びである。

　日本の財政は世界の鑑になるような高度経済成長を実現させた優れたシステムであり，税制も紆余曲折の試練を乗り越えて経済大国に相応しい体系を形成している。新型コロナウィルスの感染災禍に見舞われても，117兆円もの財政出動を速やかに実現できる日本財政の底力は全く見事な対応で，居住者である我々も安心を与えられている。

　本書は，大学専門課程の学生及び大学院生のためのテキストとして15年の歳月を投入してまとめたものである。日本に留学して初めて財政学に触れたときのワクワクした高揚感と感動を読者諸賢も感得できるような本でありたいと願っている。

　大学図書館に所蔵されている大蔵省昭和財政史編集室編『昭和財政史』全18巻は圧倒的なリアリティをもって昭和の大躍進を再現している。読み耽りながら暮れかかる狭山丘陵の山並みを見たことがある。

　財政学を通じて我々は国家の使命を熟考しなければならない。夜警国家，租税国家，福祉国家，企業国家といろいろな国家像が出現し，時代の要請も変革の連続だった。今日的使命は，地球温暖化対策とCOVID 19パンデミックとの戦いの中で国民生活の安全と安定を確保することである。また，持続可能な経済発展を実現しながら社会保障の充実を目指す必要もある。

たくさんの課題を解決するために財政のあるべき様態を探究し，未来の税体系の理念型も提示しなければならない。そのような野心的挑戦にも取り組んで考察を与えた。読者各位は多様な財政学の分野に関心を喚起して，本書を梃に未来を創造して頂きたい。

　論考をまとめるに際し，城西国際大学の小島照男教授から10年以上にわたり多くのご教唆を賜った。粘り強いご薫陶のお蔭をもって一つの形ができたことに衷心より感謝申し上げる。また，城西大学経済学部の多くの先輩，同僚の教授方，明治大学大学院の諸先生方からも数えつくせぬ教示を受けることができた。ともかく，本書を書き上げることができたのは，ひとえに以上の方々の好意ある指導と援助のお蔭である。

　長きに渡り原稿がまとまるのを辛抱強く待たれ，編集の労をとられた税務経理協会峯村英治シニアエディター，公刊についてご尽力を賜った税務経理協会大坪嘉春会長と大坪克行社長に御礼を申し上げ，緒言とする。

　　令和2年9月10日

　　　　　　　　　　　　　　　　　　　　　　　　李　　　熙　錫

目　　次

財 政 学

李　　熙　錫

税務経理協会

第1章 租税国家

1 J. ロックの『統治二論』[1]

　アメリカ独立宣言の基本的思想はジョン・ロックの政治思想である。John Locke はクロムウェルの共和政時代後の王政復古期にホイッグ党の中心人物であるアシュリー卿を医師として救った機縁から政界に入り，卿の命運と共に失脚や亡命を経験し，名誉革命後イギリスに戻り，イギリス思想界の指導的中心となって活躍した。

　古典派経済学の功利主義の哲学的基盤を確立して，近代経済学の源流を形成したことでも知られている。王権神授（divine right）説に反対し，人間個人の自然権としての生存権や財産権を主張し，これこそ神授不可侵の権利であると考えた。これを守るのは，国民の代表者である立法機関であり，政府の本分は所有権の確保と法の執行であると説いた。彼の明確に自覚された近代的立憲主義と自由主義的個人主義とは『統治二論』（*Two Treatises of Governments,* 1690.）で展開されている。

　人間は生まれながらにして平等であり，生命・自由・幸福を求める自然権をもち，この権利を守るために，彼の求める政府が設けられるが，この目的に反する政府はいかなるものであっても人民によって変革されることが認められる。このようなロックの社会思想によって「代表無くして課税なし」のスローガンのもとにアメリカ独立戦争が勃発した。

　人間の自然権を守るための政府をもつ国家は，封建領主の家産世襲国家（Partrimonialstaat）ではなく，また，企業国家（Unternehmerstaat）でもない。世襲的家産国家形態の下で，租税は封建的貢納であり，国王や領主自身が有産

者で，家産や自身の費用（宮廷費）と公益公共目的の費用（その多くは戦費）の区分がない。

　ロックの言う「選ばれし政府」は，いわば無産の政府であるから，統治には活動資金が必要であり，必然的に租税国家になる。近代国家の特質は租税国家であり，財政収入の全域にわたって租税に依存する国家になる。

2　J. A. シュムペーターの『租税国家の危機』⁽²⁾

Die Krise des Steuerstaates, 1918. において，J. A. シュムペーターは第一次世界大戦後の疲弊した母国オーストリア＝ハンガリー帝国の惨状に，租税国家の限界を見て危機を予測した。

　自由経済のもとで，強制力をもって徴収される租税収入によって国家の財政需要をまかなう近代資本主義国家は，「共同の困難」である戦争と飢餓に対処するために成立し，そのための費用を徴収する。国家のないところに租税はなく，租税を徴収する主体が国家である。現代の困難は，ウィルスと人類とが闘うパンデミック制圧「戦争」と地球温暖化による食糧危機かもしれない。

　国家は個人的利害の継続的作用と調和できる程度のものしか私経済から取り上げることができない。租税国家では，財政上の利益のために，人々の生産を阻害し，あるいは，個人の最善の努力を喪失せしめるほど要求してはならない。

　間接税収入は，その時々に一定の限界があり，それ以上に引き上げても収入の増加とならず，かえって低下を招く場合があるが，この臨界点を見極めることは大変な難問である。

　経済の発展と，それに伴う社会的共感の環の拡大によって，私企業はその社会的意義を失ってしまう。これは，19世紀後半の諸傾向の進路のうちに予告され，そして実在しているのであって，全ては，二度の世界大戦で頂点に達し，その最後の錯行として顕在化した。社会は私企業と租税国家を超えて進展し，租税国家は危機に陥る。

　その後の資本主義については，大著『資本主義・社会主義・民主主義』⁽³⁾の

4

中で次のように予測している。

　資本主義は経済体制として成功するが，その成功故に資本主義は崩壊する。すなわち，資本主義を取り巻く社会的，政治的，文化的環境が変化し，無制約な経済発展が阻害される。つまり，寡占的big-businessの横溢が「トラスト化した資本主義」を，公共部門の肥大化は「足枷をはめられた資本主義」を強要する。こうして冒険的企業家が誘導した自由闊達な資本主義時代が終わり，効率を主とする合理化と公正による平等化とが求められるようになると，反資本主義的環境が醸成されることになる。社会は，次第に余暇，消費，協調，救済，平等への志向を強くし，勤勉，節約，競争，優勝劣敗への志向を失う。

　競争と革新と企業家精神とによって経済危機的事態を打開する資本主義の軌道から外れて，政府の景気対策を熱望し要求する社会は，資本主義体制を蝕み続ける。

　新しい経済体制は，社会的観点からの資源配分を遂行し，経済至上主義の生活からの脱却を成就する。社会の余剰をどのように用いるかに応じて文明史的な体制転換が発生するが，その後を担う体制の可能性は多様であり，不確実性に満ちている。

　知識と情報の創造に関わる新機軸が社会のダイナミズムを生み出すかもしれない。しかし，節度のない民主主義は，その台座の上に独裁的社会主義という偶像を打ち立ててしまうこともあるし，公益資本主義を打ち出すこともある。いずれにしても成熟した資本主義の後の体制は，経済によっては決まらない。

　『租税国家の危機』で展開されたJ. A. シュンペーターの洞察は，現代が直面している諸問題を看破して資本主義の刷新を訴えている。現代の財政学はまさに新しい社会のパラダイムシフトに直面して変貌し始めている。

3　財政（public finance）とは

　国家，地方団体を行為主体とする公経済部門の収支均衡のための収入獲得面を財政と指称する。

5

ファイナンス（finance）とは語源的に国家や領邦君主が課徴する貨幣収入を意味し，古くはラテン語のfinireに由来している。finireは裁判の終末を意味し，それが罰金の支払い→金銭の支払い→国家の貨幣収入，という経過で用いられて定着した。日本語の財政は訳語として造語され，強制的な貨幣収入の獲得面に重点を置いた語であり，官業経営を含む経費面は国家経済として取り扱っていた。

　租税（Steuer）には，「公共を支える税」，「寄附」，「支持」，「舵」などの意味があり，租税国家の活動の多様な側面を映し出している。

　現在では，「国及び地方自治体の歳入・歳出に基づく公的部門の税収等の資金調達とその使途に関する政策と原理」を財政と定義している。要するに，いろいろなレベルの政府の活動に必要な収支過程に関連する複雑な問題を，財政と呼び，狭義では公共資金調達を意味する。しかし，資金調達は強制的な権力をもって行使されるので，基本的問題とはならない。

　むしろ，資源配分，所得分配，完全雇用，物価安定，経済成長にかかわる公共部門の役割が重要である。経済政策の中の公共予算の操作側面が主要な研究対象になる[4]。

　これまでの財政研究には概略的に３つの流れがあり，それらを踏まえた上で現代の研究を捉える必要がある。

　①ドイツ系財政学は，1950年代まで世界的な影響力をもった伝統である。このパラダイムは強制獲得経済説と呼ばれ，財政の本質は手段獲得の強制的性格にあるとしている。②アダム・スミスから発する自由主義財政説で根本的には安上がりの政府をめざし，健全財政を主張する。③J. M. ケインズから発する新経済学派財政説は財政活動を通じて，政府の役割を強調し，大きな政府論に傾斜している。

　これらの他にも，財政社会学派，限界効用学派財理論，社会政策に重点を置く正統派財政学などが魅力的な問題領域に挑戦している。

4　財政の機能

財政には３つの機能がある。資源配分機能，所得再分配機能，経済安定化機能である。

(1)　資源配分機能

市場の失敗（market failure）により，市場経済の価格メカニズムで処理できる資源配分に偏りや歪みが発生するために，政府の財政活動がこれを修正し，カバーすることで，資源配分を適正化しようとする役割である。

一般に，完全競争の下でパレート最適状態が実現できる。社会は必要とする財貨・サービスの緊急性・重要性に応じた適正配分を成し遂げ，人々の厚生が極大化される。社会全体の厚生の増加がそれ以上改善されない状態がパレート最適（Parato optimality）であり，税制改革などにより，社会的な厚生増加が起こるときはパレート改善という。

市場の失敗あるいは市場欠落財が出てくる要因は４つある。外部性，公共財，費用逓減，不確実性である。

外部性は，企業あるいは家計が市場取引を通さずに直接に相互依存関係をもつ現象である。例えば自動車を運転する者が，振動や騒音，排気ガス，微粒子状物質を運転中にまき散らすような負の影響は，社会全域に及ぶが，市場取引がないために被害者は泣き寝入りになり，発生因者の経済計算に入らない。こうして沿道住民の喘息や不眠症，難聴と大気汚染が社会に残されて，外部不経済は解消されない。

外部経済と呼ばれる正の影響もある。大学誘致地区の地域環境が文教地域として良化して宅地価格が上昇するとか，企業が進出して雇用状況が改善され，商業振興になるなどの場合である。これらも処理する市場取引がないので，大学の授業料が安くなるとか，地域物価が下がるなどのことはない。

地価の高騰の恩恵に与った不動産業者が利益の一部を市役所に寄附し，市の

大学助成を増やし，授業料が安くされるというようなルートがない限り，市場均衡が社会的な便益や費用を考慮できる最適状態になることはない。外部性の解決には何らかの租税措置が必要になる。

　公共財は，非競合性と非排除性とをもつ財貨・サービスである。国防，警察，義務教育，司法などがある。これらの両特性も程度の差があるので，純粋公共財から準公共財など多様である。公共財はすべての人が利用できるので，人々の顕示的な真の選好は表明されない。それ故に，公共財の最適供給は市場過程では実現できない。

　R. A. マスグレイブはこれらの公共財を価値財（merit goods）と呼んだ。社会的に価値のある財貨・サービスは市場経済で充足されることはない。舗装道路や公園，中央分離帯の花壇など，誰も整えようとはしない。利潤原理が成立しないので，奇特な志で資金を注ぎ込む人はいない。したがって市場メカニズムに委ねておいても永遠に花壇も，舗装道路も手に入らない。

　費用逓減は，生産設備や生産規模が非分割性をもつために技術的に発生する。平均費用が逓減中の生産規模で，利潤極大化を実現する条件である「限界費用＝価格」が成立する場合に，膨大な固定費用があると企業利潤はマイナスである。この種の産業は私企業が供給主体になり難く，独占体による供給に傾くため，厚生損失が発生し，市場による資源配分が最適化しても，市場の失敗が発生する。電気やガス，水道，鉄道などのいわゆる公益事業に起こりやすいので，課税や補助金による介入が必要になる。

　コロナ・ウィルスの蔓延のような不確実性の高い現象には，マスクも感染検査も医療も適切な資源配分を欠いてしまう。政府の買い上げや転売禁止，隔離施設の指定など，公的介入がないと資源配分の是正はできない。

　公共財には，便益や影響の広がりに応じて，通信衛星，地球温暖化効果ガス規制，ハリケーンのような宇宙規模の公共財から，地域規模の市営図書館やゴミ処理のような公共財まで多種のものがある。市場欠落財としての公共財の最適供給のために政府の行動が必要になってくるので財政の主要な役割になる。この機能は19世紀以降今日まで，基本的機能の主軸になっている。

(2)　所得再分配機能

近年，各国において所得格差は激化している。T. ピケティ『21世紀の資本』
によると，アメリカ合衆国の富の70％は，総人口の僅か10％の人々の手中にあ
り，人口の50％が所有する富は5％しかない[5]。いわゆる格差社会の到来は例
外なく世界全域に及んでいる。

各国が採用している所得税の累進課税は，高額所得者層に重くなっている。
このような租税構造と各種の控除を通じて，原初の所得分配分から税を徴収し，
それらを子育て支援，高齢者医療，生活保護などを通じて低所得者層に回すこ
とで，原初の分配格差を是正することができる。これが再分配機能である。

また，生まれながらにして人々は資産格差に直面する。相続税や贈与税及び
各種控除の設定によってこの面の格差も幾分なりとも是正・平準化ができる。
これは機会均等の理念による機能である。

また，賦課方式の年金や介護保険などは現役世代の所得を高齢者世代に再分
配することで，世代間再分配を果たしている。

所得再分配機能は公平性を実現しにくい市場の失敗を補正する機能で，20世
紀に登場したが，次第にその対象領域を拡大しながら今日に至っている。公平
性の是正とともに経済効率の費用対効果の側面が背反的に犠牲にされることも
あるので，どの程度の公的介入が良いのかについては国民の社会的価値判断に
委ねられる。社会的な分配格差はローレンツ曲線とジニ係数で測定する。

(3)　経済安定化機能

景気循環に代表される経済の変動に対して，臨機の調整策を発動させること
が経済安定化機能である。財政のこの機能は2つのルートで遂行される。第一
に，所得税等の累進課税構造に内蔵されている自動安定化装置（built-in
stabilizer）である。第二に，補整的財政政策または裁量的財政政策（fiscal
policy）と呼ばれている機動的な臨時政策である。

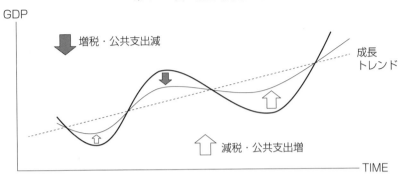

第1-1図　裁量的財政政策

（出所）　兼子良夫『地方財政』，7頁。

　上図は不況時の減税，各種給付，公共投資事業増加などで景気を刺激し，好況時の公共支出減少，増税などで景気過熱を抑制するなどのケインズ政策の安定化機能を図示したものである。通常は総需要管理政策を用いる。

　一般に，ビルトイン・スタビライザーの効果は，マクロ経済の均衡モデルについてのマスグレイブ＝ミラー指標として知られている。概略を示すと，次式で表せる。

$$\beta t / |1 - \beta(1 - t)| \quad \cdots\cdots\cdots\cdots\cdots\cdots\cdots\cdots\cdots\cdots\cdots\cdots\cdots\cdots \quad (1)$$

　但し，βは限界消費性向，tは限界税率である。

　現在の実態値として$\beta = 0.52$，$t = 0.297$であるからこの安定化効果は0.243である。すなわち，経済諸変動の24.3％を自動的に調整できる。限界税率と限界消費性向が高いほど，自動安定化効果が大きい。相互依存型の所得変動については，変動経路が多様であるために不確定である。

　景気循環に鋭敏性をもつ法人税のように，経済成長弾力性が1以上の税目が多いと，安定化機能は大きくなる。逆に相続税のように経済成長との相関性が希薄な税目は経済成長弾力性が1未満で，景気循環に不感応性をもつので，自動安定化装置の機能としては弱い。

　全般的に，この税制内臓型の安定化機能だけに頼ることはできない。経済安定化の主要な役割は，結局，裁量型の財政政策が担っている。この機能の登場

は，1929年の世界恐慌以後であり，戦後のケインズ経済学の隆盛と共に活用されるようになったが，近年は合理的期待学派や公共経済学派の論駁に遭って衰退し，裁量的な財政政策のタイミングや適切性に疑義が向けられている。対症療法的な政策だけで，景気循環に有効に影響しうる政策はない。

5　租税原則（canons of taxation）

　現代社会において，租税は協働の市民社会が円滑に相互に支え合うための社会的会費と考えられている。この会費は納税義務者のそれぞれの担税力に応じて，応分の負担で構成され，公共サービスの供給費用はこの会費によって公平に負担されることになる。

　国家はいわば有機体のような構造物で，有機体の各部門が適切に働くためには活動源となる栄養が必要であり，各機能に配分される栄養が課税により徴収された税収である。租税原則とは，そのような課税の社会整合性と統治正義の立場から租税のもつべき特質に言及して，理想的な租税の在り方を考察する長い論争の末に得られた理念で，課税にあたって準拠すべき原則となる。

　既に，アダム・スミスの4原則論やアドルフ・ワーグナーの4大原則・9原則論が提唱され[6]，特に，租税配分の原則については，利益説（応益原則），能力説（応能原則），犠牲説（主観的能力原則），社会最小価値説などが主唱された。「公平」「中立」「簡素」の3原則が現代の租税原則である。

　経済力，担税力が同等の人に等しい負担を求める「水平的公平」と経済力の大きい人により大きな負担を求める「垂直的公平」及び異なる世代間においても同等の負担を求める「世代間公平」が要請される。

　税制は個人や企業の活動に影響しないことが必要で，いろいろな経済活動の諸選択に中立であることが要請される。税制は社会のすべての構成員に分かり易く，手続上も簡素で，納税も徴税も簡単に実行できることが要請される。

6 税の種類

　税には様々な分類がある。課税客体として何を対象に課税するのかに応じて，所得課税，消費課税，資産課税などを分類する。課税対象になる客体は，普遍性をもつものが選ばれる。どの地域にも存在するとともに相応の大きさの税収が見込めるものでなければならない。特定の部門や地域に偏る税源は避けなければならない。

　行政に必要な経費は自然的な膨張過程にあるので，伸張性と安定性も備えた課税客体が望まれる。経済変動に鋭敏性のある税源では義務的経費で埋め尽くされた現代の歳出構造を賄うことは難しくなる。この観点から，あまり鋭敏性のない消費課税や資産課税への傾斜が増えつつある。

　課税権者によって課税主体別に，国税，道府県税，市町村税があり，すべて法定である。

　租税の負担者による分類もある。負担者と納税義務者が異なる税は消費税などの間接税であり，両者が同一である租税は所得税などの直接税である。

　納税者の個人的な事情を考慮するかどうかによって区分する租税もある。人税と物税の分類で，直接税は大部分が人税で，間接税は物税がほとんどである。直接税と間接税の直間比率で，政治形態の中央集権的か地方分権的かを判別することもできる。分権的政治形態の下では直接税のウェイトが高くなる。明治中期の日本では直接税が30％程度であったが，太平洋戦争後は70％である。

　課税単位の法定による税率分類がある。数量に課税する場合は本質的に比例税率である従量税率になり，価額に課税する場合は従価税として課税単位の百分比，または千分比になり，この税歩の決め方に応じて，比例，累進・累退，逆進の３種を分けることができる。たばこ税のような逆進税率は結果的に顕在化する税率で初めから意図的に法定される逆進性税率は少ないが，消費税は明らかな逆進税である。

7　一般会計の歳入・歳出の構成

令和2年度の一般会計の現状は第1−2図に示す通りである。

第1−2図　一般会計の歳入と歳出

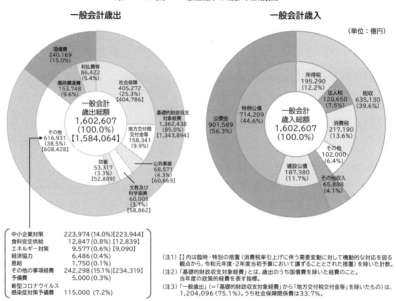

一般会計歳出

- 国債費 240,169 (15.0%)
- 利払費等 86,422 (5.4%)
- 債務償還費 153,748 (9.6%)
- 社会保障 405,272 (25.3%)【404,786】
- 一般会計歳出総額 1,602,607 (100.0%)【1,584,064】
- 基礎的財政収支対象経費 1,362,438 (85.0%)【1,343,894】
- 地方交付税交付金等 158,341 (9.9%)
- その他 616,931 (38.5%)【608,428】
- 防衛 53,317 (3.3%)【52,809】
- 公共事業 68,571 (4.3%)【60,669】
- 文教及び科学振興 60,005 (3.7%)【58,862】

一般会計歳入

(単位：億円)

- 所得税 195,290 (12.2%)
- 法人税 120,650 (7.5%)
- 税収 635,130 (39.6%)
- 特例公債 714,209 (44.6%)
- 公債金 901,589 (56.3%)
- 一般会計歳入総額 1,602,607 (100.0%)
- 消費税 217,190 (13.6%)
- その他 102,000 (6.4%)
- その他収入 65,888 (4.1%)
- 建設公債 187,380 (11.7%)

中小企業対策	223,974 (14.0%)【223,944】	
食料安定供給	12,847 (0.8%)【12,839】	
エネルギー対策	9,577 (0.6%)【9,090】	
経済協力	6,486 (0.4%)	
恩給	1,750 (0.1%)	
その他の事項経費	242,298 (15.1%)【234,319】	
予備費	5,000 (0.3%)	
新型コロナウイルス感染症対策予備費	115,000 (7.2%)	

(注1)【】内は臨時・特別の措置（消費税率引上げに伴う需要変動に対して機動的な対応を図る観点から、令和元年度・2年度当初予算において講ずることとされた措置）を除いた計数。
(注2)「基礎的財政収支対象経費」とは、歳出のうち国債費を除いた経費のこと。当年度の政策的経費を表す指標。
(注3)「一般歳出」（=「基礎的財政収支対象経費」から「地方交付税交付金等」を除いたもの）は、1,204,096（75.1%）。うち社会保障関係費は33.7%。

（出所）　財務省『もっと知りたい税のこと』令和2年6月。

　令和元年の数値を（　）で併記すれば，令和2年度の一般会計の歳出構成は，85.0（76.8）％がプライマリー・バランス対象経費である。社会保障関連の歳出は25.3（33.6）％，地方財政支援の地方交付税9.9（15.8）％，公共事業関連4.3（6.8）％，文教及び科学振興関連3.7（5.5）％，防衛関連3.3（5.2）％，食料安定供給費，エネルギー対策や中小企業対策などのその他が38.5（10.0）％である。累積債務関係の歳出が15.0（23.2）％で，債務償還は9.6（14.4）％に留まっている。

　他方，一般会計の歳入構成は，39.6（61.6）％が租税・印紙の歳入であり，

税収の内訳は所得税12.2（19.6）％，消費税13.6（19.1）％，法人税7.5（12.7）％，印紙税等その他6.4（10.2）％である。不足を賄う公債金は56.3（32.2）％，このうち44.6（25.3）％は特例公債による調達で，いわゆる赤字公債である。建設公債は財政法４条で認められている４条国債である。建設公債として発行される公債証書は有価証券の一部であり，利子を受け取ることもできるし，金融市場での売買による収益も実現できる，いわば「擬制資本」（fictional capital）である。

　歳出面では，近年，国債費と社会保障関係費の増加が顕著であり，その他の政策経費は総じて減少傾向にある。令和２年度のコロナ対策が7.2％の新歳出増加で，累積債務が1,100兆円を超した日本財政は，新しい現代貨幣理論が発案されるほど特異な事例で，「失われた20年」を継続中である。国債費を除くプライマリー・バランスの復活さえ容易ではない。必要な経費の40％程度しか税収がないので，借金依存の遣り繰りに，更にコロナ災禍の負荷が重い。

　令和元年度予算では，所得税19.9兆円，消費税19.4兆円，法人税12.9兆円，相続税2.2兆円が見込まれた。主要税目の特徴は第１－３表に示す通りである。

第１－３表　主要税目の特徴

税　目	税収(予算)	特　　徴
所得税	19.9兆円	所得に応じて累進的に負担が増加する。 主たる負担者は現役の勤労世代である。 各種控除によって個人事情を配慮する。
消費税	19.4兆円	現役の勤労世代等だけに集中しない負担分任を実現する。 税収は経済変動に左右されることが少なく安定的である。 中立性原則を守りやすく，経済への影響は少ない。
法人税	12.9兆円	成長戦略上の配慮で国内企業の国際競争力を維持・向上させる。 政策税制措置を様々に盛り込んでいる。 税収は景気動向に鋭敏で安定性はない。
相続税	2.2兆円	資産格差を是正し資産再分配を図る。 一定資産保有者に負担を求める。

（出所）　財務省『もっと知りたい税のこと』令和２年６月。

　法人税は国内企業の国際競争力を維持し企業活力を強化する観点から課税ベースを拡大しながら法人税率を引き下げ成長志向型租税へと改革された。

　令和元年10月から10％に増税された消費税は，軽減税率の導入もあり社会保障の財源としてコロナ・ウィルスによるパンデミックが収まれば，良好な財政基盤となり，国税の基幹税の首位に立つ税目になる。

　税収が絶対的な不足を示している現状では，継続的な社会保障改革が必要であるし，環境対策税や感染症防疫税などの新税導入を検討する必要がある。国民生活の安心・安全のための租税体系に転換していかなければならない。租税の財源調達機能は果たせていないので，租税国家の危機は再び迫っている。新しい資本主義経済への転換のためにも，公共部門の財政再建が急務である。

8　財 政 状 況

　昭和50年度（1975年度）から令和2年度（2020年度）に至る45年間の財政状況を第1－4図に示している。半世紀に及ぶこの時期に日本の財政は一貫して赤字であり，国債依存度を高めながらの借金財政を続けている。主権者の国民としては，より高い公益への志をもって，享受した経済的豊かさの恩恵に感謝するとともに，負担の分任に積極的に向かう必要がある。

第1-4図 財政状況

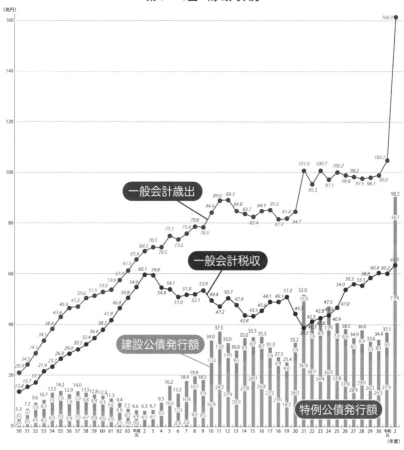

（注1）平成30年度までは決算、令和元年度は補正後予算、令和2年度は第2次補正後予算による。
（注2）公債発行額は、平成2年度は湾岸地域における平和回復活動を支援する財源を調達するための臨時特別公債、平成6〜8年度は消費税率3%から5%への
　　　引上げに先行して行った減税による租税収入の減少を補うための減税特例公債、平成23年度は東日本大震災からの復興のために実施する施策の財源を調達
　　　するための復興債、平成24年度及び25年度は基礎年金国庫負担2分の1を実現する財源を調達するための年金特例公債を除いている。
（注3）令和元年度及び令和2年度の計数は、臨時・特別の措置に係る計数を含んだもの。

（出所）　財務省『もっと知りたい税のこと』令和2年6月。

【注】

(1)　Locke, J., *Two Treatises of Governments*, 1690.

(2)　Schumpeter, J. A., *Die Krise des Steuerstaates*, 1918.

(3)　Schumpeter, J. A., *Capitalism, Socialism, and Democracy*, 1943.

(4)　Musgrave, R. A., *The Theory of Public Finance*, MacGraw-Hill, New York,

1956.（木下和夫監修『財政理論Ⅰ・Ⅱ・Ⅲ』有斐閣，昭和48年，3－4頁）
(5) Pikety, Thomas, *Capital in the 21st. Century*, Belknap Press, 2014.
(6) 李熙錫・小島照男・別府俊行『地方財政』創成社，2020年，第3章。

【参考文献】

・ Locke, John, *Two Treaties of Governments*, 1690.
・ Schumpeter, J. A., "Die Krise des Steuerstaates," *Zeitfragen aus dem Gebiete der Soziologie*, Granz, Austria, 1918.（木村元一訳『租税国家の危機』勁草書房，昭和26年）
・ 財務省『もっと知りたい税のこと』令和2年6月。
・ 李熙錫・小島照男・別府俊行『地方財政』創成社，2020年。

第2章 予算制度

1 予算（budget）

　予算は財政行為の準則となる，国家の歳入歳出に関する一定期間の見積もりである。租税・予算についての諸原則は日本国憲法第7章財政（83条〜91条）で規定されている。このような立憲的財政制度によって国の財政権の行使を法定し，国民の権利，自由，財産を国家権力から保障する機能が盛り込まれている。これは歴史的な発展過程を経て，財政民主主義の理念を制度化しながら形成された。

　財政民主主義を構成している原理は，国会による国家の収入・支出を定期的に統制する予算制度（憲法第86条など）と，国会による課税の決定，すなわち租税法律主義（憲法第84条）の二原理である。

　予算は形式や性質によって，数種に分類される。一般会計予算・特別会計予算，通常予算（当初予算）・補正予算，骨格予算と肉付け予算，年間予算と暫定予算などである。この分類は根拠法に基づくものと財政運営上の便宜的に用いられる区分とに分かれる。

　予算の意義は次の4点である。①行政内容の具体的一覧表，②行政執行部内の意思の統一をはかり，各部署の水準を保持するための手段，③国民に納税の使途を知らせ，その効果がどのように還元されるかの判断基準の提供，④行政部の独善的財政行為を拘束し，民主的財政運営を図り民意を反映させる手段，として機能することが主要意義である。予算制度は国家の収入・支出についての事前統制を確立する制度であり，それ故に，事後統制のための決算制度による補足を必要とする。

2　予算原則

　財政民主主義・自由経済思想を背景に形成された古典的予算原則は次の7原則であるが，予算過程の4原則と内容・形式の3原則とから構成されている。

❶　公開の原則

　予算は国民に公開されその批判と討議にさらされなければならない。公開は予算の全段階，編成・審議・執行・決算にわたる全ての財政的事実を対象としている。予算編成は予算を作成することであり，憲法第73条5号の規定により，内閣に専属させている。予算は国会に提出され審議・議決を経て承認される。予算は憲法第60条により衆議院の予算先議権が認められており，議決優先権も賦与されている。衆議院議決後30日間に参議院の議決がなくとも予算は承認される。審議は国会における質疑応答であり，過半数の多数で議決される。議決された予算は一年間にわたり国家の財政活動として執行される。最終的に予算に基づく財政活動が実施されたかどうかが事後的に検証され決算となる。

❷　事前議決の原則（事前承認の原則）

　予算は会計年度の始まる前に国会の議決を経て承認されなければならない。しかし，政治上の困難によりこの原則が守られなかった事例も少なくはない。予算の空白も起きやすく，政府活動の一部が停止される事態も発生する。大日本帝国憲法下では施行予算制をとり前年度予算の再利用を許した。また近年では暫定予算として前年度予算あるいは新年度予算の12分の1に相当する支出を毎月執行する方法がとられている。

❸　限定性の原則（拘束性の原則）

　対象としている会計年度を限定する時間限定の原則と，予算額を超える歳出は禁じられる量的限定とがある。この超過支出だけでなく，予算外支出や費目を差し替える流用禁止も量的限定に当たる。会計年度については各国で多様である。ドイツ・フランスは1月～12月，日本・イギリスは4月～3月，アメリカは10月～9月である。会計年度独立の原則とも言われる。

　時間限定は単年度主義に基づいているが，この原則を堅持すると円滑な予算執行が妨げられ，弾力的な予算編成にもならない。そのため，いくつかの例外を認めている。まず，歳出予算の繰越しを認め，年度内に消化できない歳出予算を翌年度に支出できることがある。繰越明許費，事故繰越などがある。次に会計年度を終えて4月末あるいは5月末まで出納整理期間を設けて過年度の歳入歳出として現金収納や支出が認められている。前年度の収支の整理のためであるが，この期間を超えると新年度の歳入歳出で処理されることになる。

❹　厳密性の原則

　予算は「予め算定する」という意味の事前見積もりであるが，可能な限り厳密に編成されることが求められる。将来事象の予想は正確を期し難いものであるから現実的には慎重主義に則って，支出を多めに収入を少なめに見積もる傾向がある。

　また，内容・形式の3原則とは次のものである。

❺　明瞭性の原則

　国民の立場から見て，わかりやすい予算でなければならない。この意味で理解しやすい明瞭性が求められる。

❻　完全性の原則

　財政法第14条に規定されるように，すべての歳入・歳出を予算に計上するという総計型予算主義に基づいて予算は編成される。財政活動の全容を明示して討議の俎上に載せることを求めている。この原則から派生するものが単一原則になる。収支の差額だけを計上する純計型は禁じられている。

❼　単一の原則

　すべての歳入歳出を一本化して一つの予算に計上する総計型予算にしなければならない。特定歳入から特定歳出への支出を行う個別型予算は望ましくない。統一の原則あるいは予算単一の原則とも呼ばれる。

　日本の予算は，この原則を十分に満たすものではなく，一般会計予算以外の13特別会計予算を設定して（2019年現在），単一原則の例外としている。

　また目的税に見られる特定の収入を特定の支出に充てる目的拘束関係は回避

すべきであるというノン・アフェクタシオン（non-affectation）の原則はここから派生する[1]。複数の予算の下では財政の統制が困難になるおそれがあるし、税収がある限り不要な支出も続けざるを得ない。地方税体系においては目的税の重要性も認められるので議論は分かれている。

これらの予算原則を図示したものが第2－1図である。

第2－1図　予算原則

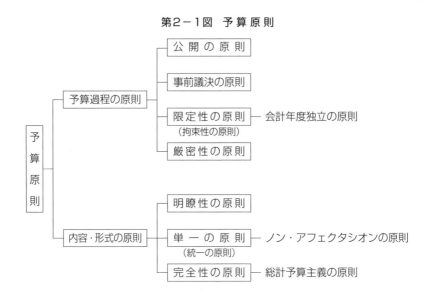

政府機能が拡大し、財政政策の必要性が高まり、議会の審議能力の限界が露呈し、予算運営の効率性が求められるようになった現代において、予算原則も変質しており、現代的予算原則としては①時期弾力性の原則、②裁量の原則、③予算機関相互連絡の原則、④多元的手段の原則、が提唱されている。

時期弾力性とは政府の経済状況に応じた支出調整を許容するために計画実施時期を変更できるようにすることである。裁量は支出項目の構成と規模を調整できることであり、政府各機関が予算の効率的運営のために協働することを相互連絡の原則で保障する。多元的手段とは予算の手続き、型、方法などが政府活動に応じて多様であってよいとするものである。時代の要請に従って諸原則

が改変される必要はあるが，予算原則論としてはまだ時機は熟していない。

　近年，予算制度の改革も進展している。予算編成を科学的判断により高次化する方向である。複式予算方式，企業会計方式，事業別予算，PPBS，などである。これらは概ねアメリカの経営的行政管理方式の導入である。

　複式予算は経常収支予算と資本収支予算に分けて編成する様式である。フロー中心の現行予算方式はバランス・シート型の資産会計とは馴染まないが，資産会計によって長期的観点を加え堅実な財政運営にするために，複式方式を導入する方向に動いている。すでにデンマーク，スウェーデンでは半世紀以前から用いられている。

　一定の効果測定要素を設定する予算方式が事業別予算である。行政成果を数量化して事業の効果を分析・評価するために創案されたが，単年度の評価ができないこともあり，有効性は疑問視されている。

　費用・便益分析を総合化して提唱されたPlanning Programming Budgeting System（PPBS）は公共支出の規模と配分を科学的に決定する予算策定方式として，資源配分に関する意思決定をさらに合理的に行うための情報を体系的に利用する予算編成方式として導入された。1960年代にこれと類似のゼロベース予算，サンセット予算が用いられたが，PPBSは効率的分析的な予算編成を実現できず次第に利用されなくなり，現在では第2－2図に示すようなPDCAサイクルの取り組みを行っている。

第2－2図　PDCAサイクル

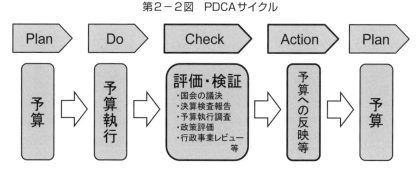

（出所）　財務省『日本の財政関係資料』令和2年7月，65頁。

3 予算の内容

　政府が編成し国会に提出する予算は5つの内容で構成されている。予算総則，歳入歳出予算，繰越明許費，継続費，国庫債務負担行為，である。財政法がこれを規定している。

　予算総則は，各年度の歳入歳出予算に関する総括的な事項を記載したものである。その他に，公債発行の限度額，財務省証券及び一時借入金の最高額，その他予算の執行に必要な事項などを定める。歳入歳出予算は一般会計など予算の本体である。繰越明許費は，諸事情により年度内に支出を終えられない見込みの経費のうち，あらかじめ国会の議決を経て翌年度に繰越して支出される経費である。継続費は完成までに原則5年以内の複数年を必要とする経費総額とその年割額である。現在，防衛省の警備艦及び潜水艦の建造にのみ用いられている。国庫債務負担行為とは，大規模な事業の発注契約を締結し債務全額の負担を決定するが，支出は翌年度以降に行うような場合である。各事項ごとに後年度の債務負担の限度額を明示し国会決議を経る。この他に，非特定議決国庫債務負担行為がある。一定金額が具体的目的を定めずに議決され，歳出予算の予備費に類するものである。災害復旧や緊急性のある事業を議決済みの金額の範囲内で債務負担をすることができる。

　継続費は債務負担権限と最長で5年の支出権限とを共に付与され，工事，製造その他の事業に限定される。予算単年度主義の例外性が最も強い。国庫債務負担行為は継続的な債務の負担権限を与えられるが支出権限は与えられない。現実に支出するときには当該年度の予算に計上されなければならない。対象経費に関する限定はない。

4 予算の種類

予算はどのような予算もすべて国会の議決を必要とするが，大別して3種あ

る。それらは，一般会計予算，特別会計予算，政府関係機関予算である。

　一般会計予算は，国の一般的歳入歳出を計上する会計である。国税等の財源を受け入れ，社会保障や教育など基本的経費に配分する会計で，通常，予算と言えばこの一般会計予算のことである。他方，財政法の規定では，特定の事業を行うとき，特定の資金を運用するとき，特定の歳入を特定の歳出に充てて別建ての会計処理をするとき，法律によって特別会計を設けなくてはならない。これは，予算単一原則の例外として認められている，異質の形式や財務処理の特例である。2014年時点で，時限的な特別会計を含めて15の特別会計を設けていたが，令和元年時点で13の特別会計に順次統廃合整理が進んでいる。現存の特別会計は次の第2-3表のとおりである。

　令和元年度（2019年度）予算において，各特別会計の歳出額の総額は389.5兆円である。会計間の相互計上を除外した純計額は243.2兆円である。

第2-3表　特別会計一覧

- 交付税及び譲与税配付金特別会計（内閣府，総務省及び財務省）
- 地震再保険特別会計（財務省）
- 国債整理基金特別会計（財務省）
- 外国為替資金特別会計（財務省）
- 財政投融資特別会計（財務省及び国土交通省）
- エネルギー対策特別会計（内閣府，文部科学省，経済産業省及び環境省）
- 労働保険特別会計（厚生労働省）
- 年金特別会計（内閣府及び厚生労働省）
- 食料安定供給特別会計（農林水産省）
- 国有林野事業債務管理特別会計（農林水産省）※経過特会
- 特許特別会計（経済産業省）
- 自動車安全特別会計（国土交通省）
- 東日本大震災復興特別会計（国会，裁判所，会計検査院，内閣，内閣府，復興庁，総務省，法務省，外務省，財務省，文部科学省，厚生労働省，農林水産省，経済産業省，国土交通省，環境省及び防衛省）

（出所）　財務省『日本の財政関係資料』令和2年7月，64頁。

　特別会計は，受益と負担の関係，特定事業，特定資金運用などの状況を明確化できる利点がある一方で，財政の一覧性が阻害され予算の明瞭性が損なわれ

る欠点もある。可能な限り少ない方がよいと考えられている。

特別会計の内訳は，社会保障給付費（年金や健康保険給付費など法律に基づく給付そのものにかかる経費），国債償還費（国債の償還や利子の支払いに必要な費用），地方交付税交付金，地方財政対策（震災復興特別交付金など），財政融資資金への繰入れ（財投貸付の原資として財投債の発行により調達した資金等の繰入れ），復興経費などである。

政府関係機関は，特別法によって設立され，全額政府出資の法人として，その予算が国会の議決を要する機関である。2019年時点で4機関が存在する。これらの機関が別組織になっているのは，予算の弾力性を確保するためであり，企業的な経営で高能率を求められるためである。これらの機関の活動は公共の利益に貢献することであり，予算は国会の議決を要し，予算を通じて国会の統制を受ける。4機関は第2－4表にまとめてある。

第2－4表　政府関係機関

機関名	設立年	設立目的
沖縄振興開発金融公庫	昭47	沖縄開発のための資金供給
株式会社日本政策金融公庫	平20	国民生活の向上に寄与するための資金供給
株式会社国際協力銀行	平24	わが国及び国際経済社会の健全な発展に寄与するための資金供給
独立行政法人国際協力機構有償資金協力部門	平20	開発途上地域の政府等に対する有償の資金供与による協力の実施等

これらの3種の予算，すなわち一般会計予算，特別会計予算，政府関係機関予算は，一体として国会の審議および議決を経て当該会計年度の開始前に成立し，本予算となる。本予算が成立しないときには，暫定予算が編成される。本予算の成立までの期間に必要とされる経費支出を計上したもので，国会の議決を要する予算である。本予算成立までの必要最小限の支出を計上する。30日あるいは50日の期間についての暫定予算が多い。本予算のうち，政治的な紛争対象部分以外の部分を抜き出して編成する。暫定予算の執行中に本予算が議決されると，暫定予算は失効し，本予算に吸収される。この暫定予算さえも議決に至らずに7日間の「予算の空白」を経験したこともある。

　本予算が執行中に，大災害や経済情勢の激変が発生すると，本予算の執行が困難になり，また不適切になる場合がある。このような場合に，本予算の修正のため，編成され議決される予算が補正予算である。補正予算の編成に回数制限はないので，一会計年度内で複数回編成・議決されることもある。現実の経済社会情勢に適合させるための修正として何度でも可能とされている。

　補正予算を組むほどではない修正・変更については「予算の移用・流用」として制度化されている。移用は，類似的な相互関連的経費について，項と項との間の融通である。項までの予算区分は議決科目であるので，あらかじめ予算を組んで議決された項について，財務大臣の承認を経て認められる。流用は同一項内の目と目との間の経費の融通である。目は行政科目で議決科目ではないので，流用は財務大臣の承認だけが必要とされる。

　一般に，予算における経費区分は，歳入について，主管別→部→款→項→目に分けている。歳出については，所管別→部→款→項→目→目の細分，に分けている。目及び目の細分の予算科目は予算の添付書類に記載され閣議の審議参考となり，国会議決は要らない。

　歳入はすべての責任を財務大臣が負うので，単なる事務管理者として主管となる各省庁の名称が使われる。歳出は執行責任を明示して所管別名称を用い，各省庁の長を責任者としている。国会の議決が得られない限り「項」以上の科目について移用も超過支出も認められない。目以下の科目は行政科目として財務大臣の承認さえあれば流用が認められる。

　各種の予算は第2－5図のような時間軸の中で編成・執行されていく。

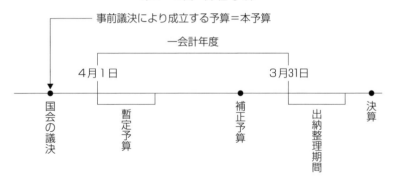

第2-5図　各種予算

事前議決により成立する予算＝本予算

一会計年度

4月1日　　　　　　　　　　　　3月31日

国会の議決

暫定予算

補正予算

出納整理期間

決算

5　予 算 編 成

　予算編成は，憲法第73条5号の規定により，内閣が行い国会に提出できる。予算編成の責任は財務大臣が負う。財務省主計局は各省庁からの概算要求を受けて9月初頭から査定を進め，12月下旬に査定案としての財務省原案に取りまとめて閣議に提出する。各省庁にも同時に提示し，各省庁が意見を述べる復活折衝を開始する。財務大臣は折衝後，最終案を閣議に提出し，これを政府案として決定する。内閣は政府案を翌年の通常国会に提出して，審議・議決を経て予算は成立する。

　国会，裁判所，会計検査院の予算は，内閣がそれらの機関の行動制約をしないように別の手続きを財政法が定めている。

　経済財政諮問会議は平成13年（2001年）から内閣府に設置された合議制の機関で，予算編成前に次年度予算について調査審議を行い，内閣総理大臣に答申する。内閣は答申を受けて「予算編成の基本方針」を閣議決定し予算編成作業が開始される。現在この諮問会議は，内閣総理大臣を議長に，閣僚5名，日本銀行総裁，民間人4名で構成されている。民主党政権下では開催されなかったが，平成25年1月から再招集されている。諮問を受けた経済財政諮問会議は経済全般の運営の基本方針，財政運営の基本方針，予算編成の基本方針，その他，

重要経済財政事項の調査審議等の意見を内閣に答申する。

　政府案の審議は，先議権の規定により初めに衆議院で行われる。財務大臣の財政演説で予算編成方針，予算内容，財政政策等の基本方針，経済の現状などが説明される。同日，参議院においても財政演説がなされる。次に衆議院の予算委員会で詳細な審議に付され，さらに本会議で審議，議決がなされる。その後参議院に送付されて同様の手続きを経て予算が成立する。政府案の修正提案には衆議院で50名以上，参議院で20名以上の賛成を要する。衆議院と参議院とで議決が異なるときには両院協議会で調整するが，一致しないときは衆議院の議決が採用される。参議院が予算案受け取り後，国会開期中の30日以内に議決しないときも衆議院の議決が国会の議決となり，予算は自然成立する。

6　予算の執行

　予算が成立すると内閣から各省庁の長に執行すべき予算が配賦される。まず，契約による支出負担行為が実行され，支払時点の支出行為で完結する。適正な予算執行がなされるよう契約等担当官と支出官とは厳格に職務分割され責任の帰属も明確にされる。契約等の支出負担行為はその実施計画を策定して財務大臣の承認を得なければならない。予算執行段階で初めて詳細を確定できる経費について執行の適正を確保するための手続きである。また支出の四半期ごとの支払計画を作成し，財務大臣は国庫金，歳入，金融状況等を踏まえてこの計画を承認する。支払計画は日本銀行にも通知され，原則として支払官は日本銀行宛ての小切手を振り出すことで支払いを行う。

　第2-6図は令和2年度予算における一般会計・特別会計の主要経費別純計である。約35%が国債費で，国の借金の利払いと償還に充てられている。

第2-6図　令和2年度予算の主要経費別純計

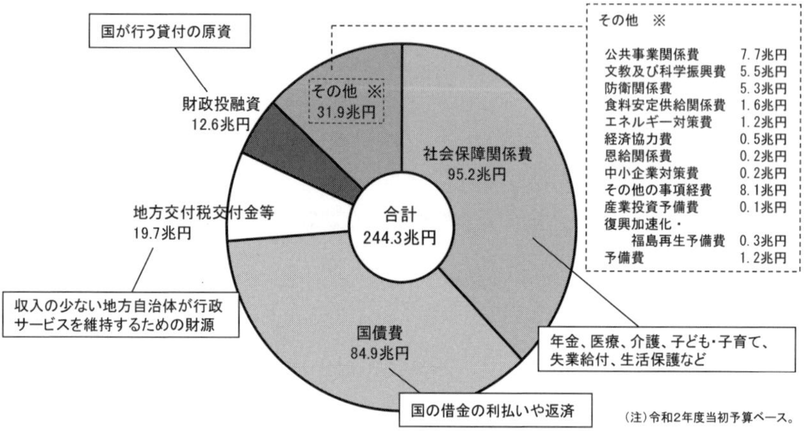

その他　※

公共事業関係費	7.7兆円
文教及び科学振興費	5.5兆円
防衛関係費	5.3兆円
食料安定供給関係費	1.6兆円
エネルギー対策費	1.2兆円
経済協力費	0.5兆円
恩給関係費	0.2兆円
中小企業対策費	0.2兆円
その他の事項経費	8.1兆円
産業投資予備費	0.1兆円
復興加速化・ 福島再生予備費	0.3兆円
予備費	1.2兆円

国が行う貸付の原資

財政投融資
12.6兆円

その他　※
31.9兆円

社会保障関係費
95.2兆円

合計
244.3兆円

地方交付税交付金等
19.7兆円

収入の少ない地方自治体が行政
サービスを維持するための財源

国債費
84.9兆円

年金、医療、介護、子ども・子育て、
失業給付、生活保護など

国の借金の利払いや返済

(注)令和2年度当初予算ベース。

（出所）　財務省『日本の財政関係資料』令和2年7月，64頁。

　予算は編成しにくくなって硬直化している。新規事業やその他の経費にもっと多くの資金が投入される必要がある。膨らみ続ける社会保障関係費は，高齢社会の成熟と共に増加を止める手立てがなく，将来にわたって加速的に膨張する。ナショナル・ミニマムが達成された豊かな現代日本社会は，適正な予算執行がなされるように，抜本的な予算内容の転換に迫られている。更に追い打ちをかけてCOVID 19のコロナ感染対策が一時的な急膨張を招いた。

7　決　　算

　予算の会計年度内の執行が完結すると，各省庁の長はその所管の歳入歳出に関する決算報告書を作成し，翌年度の7月31日までに財務大臣に送付しなければならない。財務大臣はそれらに基づいて決算を作成する。決算は各省庁の決算報告書を添付し内閣から会計検査院に送付される。会計検査院は決算を検査し，検査報告をつけて11月末までに内閣に回送し，内閣は検査報告とともに決算を国会に提出して審議に付す。決算は係数的記録であり，国会の議決は不要

であるので，議決によって予算執行の効力が影響されることはない。

　決算の結果，発生する剰余金は歳計剰余金といい，通常は翌年度の歳入に繰り入れられる。歳計剰余金のうち当該年度に新生した新規発生剰余金から歳出予算の繰越額及び地方交付税交付金等財源充当額を除いた額を純剰余金という。この純剰余金の半分以上は2年後までの期間に公債の償還財源に充てなければならない。

　年度末までに歳入不足が予測される場合に，補正予算で手立てするが，年度末もしくは年度経過後に明らかになる歳入不足には対処できない。そこで，昭和52年（1977年）に決算調整資金が設置され，この資金から不足額を一般会計に組み入れることになっている。この制度は昭和56年度，平成4年度，5年度，9年度，13年度，20年度の決算で用いられたことがある。

【注】
⑴　フランス語のaffectationはもともと語義としては「割り当て」「配属」を意味する。「人質関係」という解釈は時折見られるが，人質のために歳入を確保して歳出に備えておくという意味で分かり易い比喩になり，これを説明に用いる研究者もいる。

【参考文献】
・　財務省『日本の財政関係資料』令和2年7月。
・　関野満夫『財政学』税務経理協会，平成28年。
・　内山昭編『財政とは何か』税務経理協会，平成26年。
・　池宮城秀正『財政学』ミネルヴァ書房，2019年。

第3章　租　　　税

最も代表的な一般会計の収入は租税及び印紙収入である。その他には，官業益金及び官業収入，政府資産整理収入，雑収入，公債金，前年度剰余金受入，がある。ここでは，国の基幹的収入としての租税について説明する。

1　直接税・間接税

これは租税負担の転嫁の有無による分類である。直接税は納税義務者と担税者が一致している課税方式で，担税者が税務署に直接納税する。所得税，法人税，相続税，贈与税等が直接税である。

間接税は納税義務者が税を価格に転嫁して税負担をしない税である。結局最終購入者が負担することになる。当然，納税義務者と担税者は一致しない。納税義務者が担税者に代わって税務署に間接的に納税する。消費税，酒税，たばこ税等が間接税である。

直接税は，各種の控除や累進税率を用いて負担の垂直的公平を図ることができる。担税力に応じて租税負担を調整し，高所得者が高負担となることが垂直的公平である。格差が顕在化してくるとこの再分配機能が格差是正に機能する。

多様な経済状況をかかえる各人に対応できる細やかな配慮が可能である。また累進税率の採用が，景気の自動安定化装置として機能する。他方，水平的公平の確保には限界があり，所得水準が同じであっても税負担に差異が発生しやすい。所得の種類によって所得捕捉率にいわゆるクロヨン（9・6・4）問題が発生する。すなわち，給与所得者は90％の把握，自営業者は60％の把握，農業所得者は40％の把握しかできないという問題が水平的公平を損なっている。また累進税率は勤労意欲や事業意欲に悲観的に作用する。より多くの労働で稼

得所得が増えても税率が高くなるので，可処分所得が減るおそれがある。また景気動向により税収の変動が大きく，安定的な税収確保になりにくい。各種控除が複雑で例外規定も多く直接税の負担を捉えにくい。

　間接税は水平的公平を図ることができ，勤労意欲や事業意欲には影響しない。負担分任性が実現しやすい税で，景気に税収が左右される程度も小さい。低所得者層にとっては重税感が強く感得され，垂直的公平にはならない。税負担は逆進的で，担税者の個別事情も配慮できない。

　一般的に，直接税は重い負担感を与える。直接税と間接税の直間比率（D／I ratio）で捉える租税構造が問題になる。地方分権が強いと直接税中心となり中央集権性の高い体制では間接税中心になる傾向がある。また，資本主義経済体制の成熟と共に直間比率は上昇傾向をもつ。日本の直間比率は高度成長期の2.6程度から緩やかに2.1まで低下し，その後2.7に増加して平成時代に入った。消費税のウェイトが高まっている近年では1.2になっている。これはイギリスとほぼ同程度である。最も高い直間比率はアメリカの12.7で，逓増傾向にある。

2　経済循環過程の租税分類

　経済循環過程は，生産→分配→消費の流れである。各過程の課税も分化し，資産課税，所得課税，消費課税に分類される。フローの所得に課する租税は個人所得税，法人税であり，支出課税の消費税もフロー量への課税である。資産一般に課税する租税が資産課税であり，相続税と贈与税等がある。成熟経済になるとフロー経済からストック経済への転換が発生する。フロー課税は現在も基幹的な国税であるが，過度の依存は経済体質の転換と齟齬を生じ，税収の停滞に悩むことになる。将来的にはストック課税のウェイトを増すべきで，近年の相続税改正もこの方向性を示す改革である。

3　税率構造による分類

　課税標準に対してどのような税率構造によって課税するかによって分類することができる。均一税は人頭税，定額税とも呼ばれ，税率が一定の租税である。比例税もこの種の租税で法人税に採用されている。住民税の均等割や事業税の均等割も均一税であるが，地方ごとに相違があり，資本金レベルに対応する段階的な均一税で純粋型ではない。担税力は考慮されないため逆進性が強い。

　累進税は，課税標準が高くなるにつれて租税負担率も高くなる租税である。所得税，相続税，贈与税がこの種の課税である。逆に，課税標準が低くなるにつれて租税負担率が高まる課税が逆進税である。日本ではこの種の課税は存在しないが，消費税は逆進性をもつ租税である。

　その他に，租税の使途が特定されている目的税と使途に制限のない普通税とがあり，国が課税する国税と地方公共団体が課税する地方税（道府県税と市町村税）がある。市町村税の方が地方税に占める割合が大きい。地方税法上の正式名称として道府県税といい，東京都税を当然含めているが都道府県税とは言わない。現在の税目を分類して示したものが第3−1表である。地価税は1992年に創設されたが現在は課税を停止している。

第3−1表　日本の税目

	国税	地方税		国税	地方税
所得課税	所得税	住民税	消費課税	消費税	地方消費税
	法人税	事業税		酒税	地方たばこ税
	地方法人税			たばこ税	ゴルフ場利用税
	地方法人特別税			たばこ特別税	軽油引取税
	特別法人事業税			揮発油税	自動車税(環境性能割・種別割)
	復興特別所得税			地方揮発油税	軽自動車税(環境性能割・種別割)
				石油ガス税	鉱区税
資産課税等	相続税・贈与税	不動産取得税		航空機燃料税	狩猟税
	登録免許税	固定資産税		石油石炭税	鉱産税
	印紙税	特別土地保有税		電源開発促進税	入湯税
		法定外普通税		自動車重量税	
		事業所税		国際観光旅客税	
		都市計画税		関税	
		水利地益税		とん税	
		共同施設税		特別とん税	
		宅地開発税			
		国民健康保険税			
		法定外目的税			

（出所）　財務省HP　https://www.mof.go.jp/tax_policy/summary/condition/a 01.htm

4　租 税 学 説

　租税については多彩な学説が展開されている。重農学派はF. ケネーの土地単税論を主張し，17世紀イギリスのT. ホッブスやフランスのC. L. de S. モンテスキューらは消費単税論を唱えた。帝国主義時代に大衆課税として一律消費税が利用されたが，ドイツのF. ラッサールは消費税の逆進性を批判して社会的公平を図るための所得税単税論を主唱した。特に『経済表』のケネーによると，土地課税は転嫁によってすべてに波及するので土地課税だけが合理的な課税で生産活動を損なわないと主張された。均一税はフランスの重商主義者J. ボーダンや近代合理主義者のJ. ロックによって主張された。比例税は古典学派の創始者A. スミスが18世紀の自由主義経済に適合する課税として主張した。現在の中心的な累進課税は，A. ワーグナー，J. S. ミル，A. C. ピグーらが主導

した。J. M. ケインズの有効需要論は累進課税を支持する論脈にある。

　所得税に関する学説は2説に分かれる。源泉説または周期説に従うと，地代，家賃，利子給与，年金，農業利潤などの規則的・周期的な所得だけを課税標準とするもので，現在のイギリスは基本的にこの立場を採っている。純資産増加説または経済力増加説では，対象期間の資産純増分と消費支出分を包括的所得とみなし，これに課税する考えで包括的所得税と呼ばれる。この理論は主唱者の3学者に因んで，シャンツ＝ヘイグ＝サイモンズ（Schanz-Haig-Simons）の包括所得税あるいはH. サイモンズの包括的所得税と呼ぶ。但し，この概念の消費は移転所得の消費，自家消費，所有資産・耐久消費財の使用価値を含んでいる。また，資産純増には純貯蓄や所有資産の増加価値，例えば地価上昇の含み益なども含まれる。持家住宅の家賃相当分，主婦の家事労働，社会保障の雇主負担分，社用の自動車利用分，贈与，遺贈，株式値上がり益などの未実現の資産増加なども含む広範囲の所得に課税する。2016年に開始されたマイナンバー制度のもとでは，この包括的所得が捕捉しやすくなる。収入源泉ごとに異なる所得課税制度を設定する分類所得税を批判した理論で，現在の日本の所得税はサイモンズ流の包括的所得税に準ずる課税方式にしている。

　法人税についても2説ある。法人実在説（separate entity approach）と法人擬制説（impersonal entity approach）である。法人は個人とは異なる意思をもち個人とは独立の社会的存在として課税対象になると法人実在説は主張する。法人擬制説は法人が個人の集合体であり，個人と法人とに課税することは二重課税になると主張する。日本の法人税は明治32年（1900年）法人擬制説に従って設定されたが昭和15年（1940年）には法人実在説に従うように修正された。現在の法人税はシャウプ勧告以後，昭和25年から実施された法人擬制説に立脚した課税になっている。勧告は「法人は根本的には事業を遂行するためにつくられた個人の集合である」という立場をとって，配当軽課，内部留保課税という課税で二重課税問題を回避しようとしたが不完全な処理になっている。

　消費課税の諸形態について分類すると第3－2図のようになる。

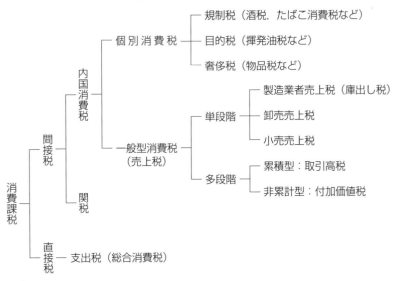

第3-2図　消費課税形態

```
            ┌ 個別消費税 ─┬ 規制税（酒税，たばこ消費税など）
            │            ├ 目的税（揮発油税など）
      ┌ 内国 │            └ 奢侈税（物品税など）
      │ 消費 │
      │ 税  │            ┌ 単段階 ┬ 製造業者売上税（庫出し税）
  間接│    │            │      ├ 卸売売上税
消費 税 ┤    └ 一般型消費税 ┤      └ 小売売上税
課税┤    │   （売上税）   │
    │    └ 関          └ 多段階 ┬ 累積型：取引高税
    │      税                  └ 非累計型：付加価値税
    │
    └ 直
      接 ─ 支出税（総合消費税）
      税
```

　消費課税の中で，直接税として家計を納税義務者とする支出税（総合消費税）は，古くは古典学派のJ. S. ミル，新古典学派のA. マーシャルによって唱えられた。1930年代にアメリカの数理経済学者I. フィッシャーが主張し，1942年アメリカ財務省は支出税法案を提示している。1960年代にイギリスのN. カルドアも消費額を課税対象とする直接税として支出税を提唱した。現在，カルドア・フィッシャーの支出税と呼んでいる。

　この支出税は所得税に対する批判から登場した。消費支出が直接の課税標準で，消費の資金源泉あるいは消費充当資金を課税対象にするものではない。課税対象は消費額である。現在，支出税を採用している国はない。社会が生産した財貨・サービスのうちどれだけ取り出すかを示す指標として消費額を採る方が所得課税よりも公平であるという考えである。ライフサイクルを通して租税負担の平準化を図ることができる課税として，また適正な資源配分を実現できる課税方式として支出税が創案された。支出の切り詰めにより消費額を生涯期間にわたって調整する行動を前提とすれば，所得課税よりも中立的な課税にな

る。支出税のもとで貯蓄が増加すれば将来投資が増加し，生産力にも貢献する。

　日本の現行の消費税は多段階非累積型付加価値税と同類税と見なせる。

5　歳入内訳と税収

　令和2年度の一般会計予算の歳入のうち税収見込み額は，63.5兆円で，第3
－3図に示す内訳であり，税収の推移については第3－4図に示した。

　令和元年12月に中国武漢で発生した新型コロナウィルスCOVID 19によるパ
ンデミックにより，想定外の経済停滞と大不況が発生し，117兆円に昇る対策
予算が必要になるほどの大打撃を被った。令和2年度については，すべての財
政数値を特異値として処理しなければならない。

　令和2年度予算に見込まれた税収構造は，歳入に占める税収の推移を見ても
明らかなように，定着した固定的な構造で変化はない。基幹税収は所得税，消
費税，法人税であり，直接税が中心である。その他の10兆2,000億円は間接税
収が多く，基幹税の消費税と合計で，直間比率は1.1である。全般的に経済低
迷により「失われた20年」が法人税の落ち込みを引き起こし，また国際標準化
を目指す法人税の引下げも影響している。

第3－3図　一般会計歳入内訳

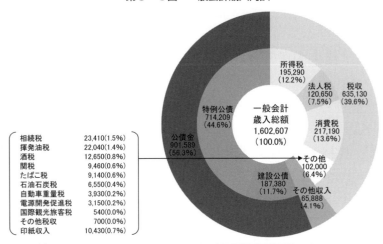

相続税	23,410(1.5%)
揮発油税	22,040(1.4%)
酒税	12,650(0.8%)
関税	9,460(0.6%)
たばこ税	9,140(0.6%)
石油石炭税	6,550(0.4%)
自動車重量税	3,930(0.2%)
電源開発促進税	3,150(0.2%)
国際観光旅客税	540(0.0%)
その他税収	700(0.0%)
印紙収入	10,430(0.7%)

（出所）　財務省『日本の財政関係資料』令和２年７月，２頁。

第3－4図　一般会計税収の推移

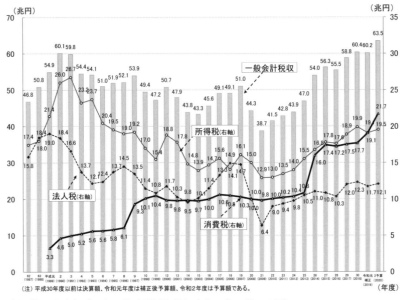

（注）平成30年度以前は決算額，令和元年度は補正後予算額，令和２年度は予算額である。

（出所）　財務省『日本の財政関係資料』令和２年７月，８頁。

6 財政再建と健全化

　近年の財政欠陥は，巨大な政府累積債務残高を示している。常識的に考えれば，デフォルト（国家破産）の危機に瀕していると言っても過言ではない。しかし，中央政府は貨幣大権，すなわち独自の法貨の供給独占権をもっている経済主体であり，必要な場合は，無尽蔵の資金を創出できる。国難のウィルスとの戦いに戦費を節約する事態ではない。必要な資金はどのような巨額であっても財政出動しなければならない。単年度予算の弊害で，財政学の視野は単年度であるが，日本国は神武天皇以来，皇紀2680年を越してなお継続している。財政学が見ているのは１年であるが，財政学が存在しているのは超長期である。1,200兆円の累積債務も2000年視野で捉えれば，年当たり6,000億円の問題でしかない。

　しかし，講学的には累積債務残高の増し嵩を問題視しなければならないので，財政再建や財政健全化の議論が必要となる。そこで，財政を家計に例える議論が提示される。第３−５図は，これを図示したものである。

第３−５図　財政現状の例示

（出所）　財務省『日本の財政関係資料』令和２年７月，17頁。

　通常では，このような家計は成立しない。消費のラチェット効果や恒常所得仮説で消費の習慣的下方硬直性を力説して，収入減があっても従前の暮らしを

続ける傾向があると説明する。消費者行動以上に国家財政には強力なラチェットが作用し，財政支出を切り詰めることはほとんど不可能に近い。国家の借金は，イギリスのような永久国債（consols）を発行して，年金形式の利払いだけで償還期限のない債務に転換することもできる。借換債を使えば，年月の繰り延べも容易である。

　しかしながら，この事例が示すように，月収30万円の家計が11万円の元利支払いを強いられて，さらに生活の維持のために新たな43万円の借金を重ねている状況はあまりにも異常な経済状況である。

　諸外国との比較が第3－6図である。社会保障給付と負担のアンバランスとともに重税国家の片鱗が見えている。

第3－6図　社会保障支出と国民負担率

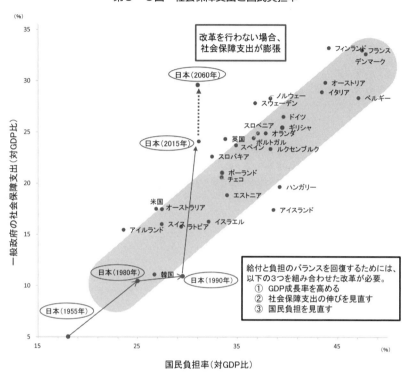

（出典）国民負担率：OECD " National Accounts"、"Revenue Statistics"、内閣府「国民経済計算」等。
　　　　社会保障支出：OECD " National Accounts"、内閣府「国民経済計算」。
（注1）数値は、一般政府（中央政府、地方政府、社会保障基金を合わせたもの）ベース。
（注2）日本は、2015年度まで実績、諸外国は2015年実績（アイスランド、ニュージーランド、オーストラリアについては2014年実績）。
（注3）日本の2060年度は、財政制度等審議会「我が国の財政に関する長期推計（改訂版）」（2018年4月6日 起草検討委員提出資料）より作成。

（出所）　財務省『日本の財政関係資料』令和2年7月，9頁。

　打開策としては，増税か緊縮財政かの選択になる。増税を考える場合に，租税負担と社会保険料負担の合計額が年収に占める割合である国民負担率を見なければならない。また，公債発行で調達されている歳入部分が将来時点の租税で償還されると考えて，財政赤字の対GDP比を加算して，潜在的国民負担率を見ることも必要である。

　2018年度時点で，国民負担率は42.6％，潜在的国民負担率は48.7％である。第3－6図に示されているように，国民の負担は既に高く，増税の担税力の余

地は狭いと見なければならない。その経済状況で社会保障の負担率は17.6%で低いわけではないが，受益に比べての負担がアンバランスで，この受益に見合う社会保障負担をしていないことになる。財政赤字は諸外国と比較できないほどの水準であるので，潜在的負担率は感覚的には忌々しき高さになる。日本国民の「甘えの構造」が明示されている。

【参考文献】
・　財務省『日本の財政関係資料』令和 2 年 7 月。
・　池宮城秀正『財政学』ミネルヴァ書房，2019年。
・　内山昭『財政とは何か』税務経理協会，平成26年。

第4章　公　共　財

1　公共財（public goods）

　市場経済のもとでは，一般的な私的財は市場原理に基づいて最適供給され，資源の最適配分も同時に達成され，パレート最適が実現する。しかし，道路や警察，灯台，義務教育などは利潤原理にしたがって社会的必要量が充分に供給されることは難しい。また，民間の供給者には任せられない固有な特質をもつ特定の財貨・サービスもある。軍隊組織の運営や法の執行である。これらの財・サービスの供給は，公的生産が要請される。このような財・サービスを公共財，あるいは共同財（collective goods），集合財，価値財と呼ぶ。

　一般的に，公共財・公共サービスの供給方式は，政府が税金で生産し，無償で国民に供給する。政府が提供者であっても民間委託は可能である。ゴミ処理，学校給食，刑務所のケータリング，などは委託業務にしている国が多い。無償ではなく，利用料金を徴収して提供される公共財もある。公営企業の形態で水道，下水道，電気，ガスなどの光熱費関係サービス，バス，地下鉄，国際空港などの公共運輸サービス，郵便や金融サービスもこの種のサービスである。

　どの程度まで公共財で賄うかについては，民業圧迫（crowding-out）にならない調整が必要である。

　公共部門による財・サービスの提供が社会的に望ましく，国民サイドからも希求されるものが公共財である。理論的には，Paul A. サミュエルソンが公共財の理論を開発し体系化した[1]。非排除性と非競合性の2つの特性によって公共財を捉えることが通説である。

　非排除性（non-excludability in consumption）は，対価を支払わないし人をその

財の消費から排除できないか，排除することが非常に困難なことである。A市の市道を通過する車両のすべてから利用料金を徴収するには膨大な徴収費用がかかるし，市外の人々の使用を禁止することにも大きな取締り費用が必要になる。現実的に，排除不可能性が成立する。灯台，市民病院，市民公園，市立高等学校も同様である。応分の負担をしない「ただ乗り」(free rider) を回避できない。

非競合性 (non-rivalness in consumption) は，ある人が消費しても，他の人も消費できるということである。一般に私的財は競合性があるが，公園や道路はみんなで同時に利用できる。但し，混雑現象から一部で競合性が出てしまうこともある。有料道路や収容人数に限度のある市民ホールなどは非排除性も非競合性もある程度認められるので，準公共財（混合財）と分類する。

2　公共財の最適供給理論

ある社会には個人1と個人2の二人の消費者が存在し，この社会の生産物は私的財X財と公共財Y財である。生産可能なX財とY財の生産量の組み合わせが第4－1図の生産可能性フロンティアABで示される。このフロンティアの傾きはX財とY財の限界変形率である。賦存資源は仮定により一定である。

第4－1図　個人1の最適消費

第4－2図　個人2の最適消費

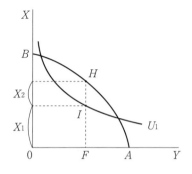

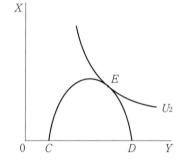

　個人1の効用関数をU_1で固定し，消費点をIとする。この時，公共財Y財の消費量は等量消費であるから，二人ともOFである。私的財はFH生産されている。これを個人1はFIすなわちX_1，個人2はIHすなわちX_2消費している。公共財Y財の社会的消費量を変化させると，個人2の私的財消費量X_2は第4－2図のCD曲線として示すことができる。個人2の効用関数がU_2であれば，パレート最適にはU_1を変化させずにU_2を極大化し，極大効用がEで実現する。第4－2図ではE点でCD曲線の傾きである限界変形率（MRT）と効用関数のU_2の限界代替率（MRS）とが等しい。この限界変形率はもともと社会的生産可能性フロンティアABの限界変形率と個人1の効用関数U_1の限界代替率との差である。従って次式が成立する。

　　個人2の限界代替率＝限界変形率－個人1の限界代替率

　　個人1の限界代替率＋個人2の限界代替率＝限界変形率

　2人2財モデルを拡張して一般化すると，公共財の最適供給条件が得られる。

　　$\Sigma\, MRS_i = MRT, \quad i = 1,\ 2,\ 3,\ \cdots,\ n.$

これがBowen＝Samuelson条件である。

　また，費用便益分析的には，公共財1単位の限界費用（MC）が，二人の個人の公共財からの私的限界便益（MB_1，MB_2）の総和に等しいので，次式のサミュエルソンの定理が成り立つ。限界便益を負担してもよいと考える金額で秤量すれば現実味が出てくる。

　　$MC = MB_1 + MB_2$

3　公共選択理論（Public Choice Theory）

　P. A. サミュエルソンの理論は，J. ミナシアンとの「TV論争」で厳しく批判された。ミナシアンは，サミュエルソン型の純粋公共財である電波が，実際には供給の仕方で排除可能な私的財になると指摘し，サミュエルソンの公共財の定義は供給様式の問題を考慮しない欠陥があると論難した[(2)]。

　公共財の供給条件として，私的供給ではなく公的供給が妥当である理由を明

らかにするためには，サミュエルソン型の理論を修正する必要があった。相対的規模に関する問題が出てくるため，公共財の外部性を取り上げなければならない。また，公的供給で政府に委ねられた資源配分は，ハーヴェイ・ロードの前提を疑問視する立場にとって，パレート最適の自動的成立を意味するものではなく，「政府の失敗」（Government Failure）を議論することにもつながっていく。ケインズ批判を旗幟として新たな理論が生まれた。

新古典学派の正統派パラダイムから，所得の限界効用逓減法則に則した累進課税を正当化し，利益原則に基づく租税価格論の構築を目指したJames McGill Buchananを中心とするヴァージニア学派（Virginia school）の公共選択理論がこれである。ヴァージニア周辺の大学（ヴァージニア工科大学・ヴァージニア大学）の研究者群のJ. M. ブキャナンやG. タロックが主導した理論を検討しよう。

政府はJ. M. ケインズのハーヴェイ・ロードの前提が主張するような賢人集団ではなく，いわゆる「政府の失敗」を引き起こす。政府が経済活動に介入することで，新たなコスト・非効率が発生する。政府行動は必ずしも合理的ではなく，社会的便益を最大にする理想的な行動をしているとは限らない。このような事情から発生する社会資源の無駄遣いが「政府の失敗」である。政府は社会構成員の経済厚生を最大化するという理想主義的行動をしているのではなく，利害の異なる各経済主体（政党・政治家・官僚・圧力団体等）の対立を調整しているにすぎない。

J. M. ブキャナンは公共財の定義を変えて外部効果と不可分性という2特性で捉えなおしている[3]。

第4-3図 公共選択論の公共財分布

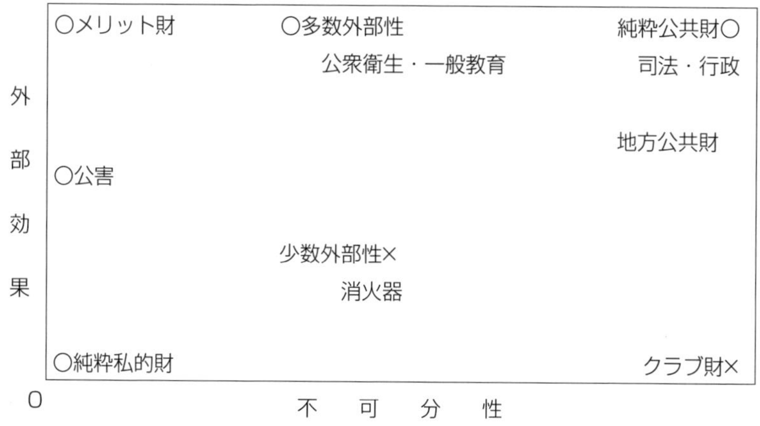

```
○メリット財        ○多数外部性              純粋公共財○
                   公衆衛生・一般教育        司法・行政

外
                                            地方公共財
部
   ○公害
効

果
                        少数外部性×
                        消火器

   ○純粋私的財                              クラブ財×
 O              不  可  分  性
```

第4-3図は，横軸に不可分性の程度，縦軸に外部効果の及ぶ範囲を示している。不可分性が完全でも少数の会員限定の財は私的に供給されクラブ財になる。完全に分割可能な私的財でも外部不経済を与える喫煙や自動車がある。公的供給の候補は○であり，効率的資源配分，分配，資金調達の3基準から検討される。

ブキャナンの公共財は財の供給要因に着目する分類で，排除可能性をもちながら非競合性をもつ財を公共財とするが，スポーツクラブやテーマパーク，高速道路など民間で供給できる可能性のある財はクラブ財としている。

公共財という「市場の失敗」に対して，伝統的な経済分析をこの非市場的意思決定に適用しようとする立場が，ヴァージニア学派で，公共政策決定システムや政策決定ルールを問い直し，立憲的基礎を問題視する議論も展開している。

市場メカニズムが完全であっても，政府の失敗による非効率が発生する。民主主義的政治過程は，選挙民や納税者，支持者の意向を反映せざるを得ない。政府の行動には結局，選挙民の意向に迎合するポピュリズムが定着し，財政赤字を常態化させるので均衡予算原則を取るべきである。また，議会制民主主義下で，財政政策は好況期と不況期で非対称となり拡張政策に偏る傾向をもつ。累積債務の増加とインフレーション圧力が発生し，政府活動の肥大化で私経済

部門の活力は損なわれる。公債は増税という非自発的取引によって将来時点で償還されるので，負担の異世代間転嫁になると論じる。

　市場メカニズムは，実際は不完全で，外部不経済の公害や市場の失敗現象が発生する。そこで，政府の関与は是認されるが，政府の介入は必ず政府の失敗を引き起こす。例えば，公害規制の環境対策に環境基準を策定すると，汚染のライセンスになる可能性があるし，環境アセスメントが開発の免罪符になり，環境破壊の正当化手段に転化されることもある。私的財として民間供給もできるが公的供給が望ましい義務教育などのメリット財についても，政府介入で低落する場合がある。

　多様な理論に囲まれる状況は学問の健全な状態であるが，それぞれの科学的研究伝統に配慮しながら，適宜に理論を取捨選択して現実の公共財問題に対処することが望まれる。アメリカ・ケインジアンの異端として台頭したヴァージニア学派の公共選択理論は財政学の新展開に貢献し，公共経済学を分離独立させた。非市場経済学は1960年代末に登場すると1970年代には*Journal of Public Economics*を擁して一挙に新分野を確立した。

　この意味で，財政学は公共経済学とは相違する。

4　国際公共財

　中国の大気汚染は異常な水準に達している。あの空と大気は偏西風に乗って数日後に日本の空と大気になる。自由財であった大気は経済財と化し，しかも人類全体の共同財としての国際公共財である。一国の排出権取引や温暖化効果ガス削減のための支出，自動車の排気ガス対策支出も国際公共財としての地球環境の改善につながる財政支出となる。国際連合，IMF，世界貿易機関（WTO），など多くの国際機関は国際的な法経済秩序の管理と維持に貢献している。これらの機関への拠出金も国際公共財の供給になる。

　国際公共財は外部性に応じて，世界全域への便益に貢献する国際純公共財と関係国間に限定される便益をもつ国際準公共財がある。Free riderの問題は国

際公共財のケースによく現れる。

　国際社会に n 国存在し，第 i 国の国際公共財の供給（y_i）について2通りの定式化が成り立つ。それらは一般に，国際公共財の存在量 Y について，①best-shot，②weakest-link と呼ばれる行動様式である。

　①　best-shot

$$Y = \mathrm{Max}(y_1,\ y_2,\ y_3,\ \cdots,\ y_n)$$

　これは，最大の供給国の供給量が世界の国際公共財の供給量になるケースである。例えば，軍事同盟国内部の防衛力は，すべての国の防衛能力の総和ではなく，最も高い防衛能力を保持している一国の能力が侵略者の能力を凌駕していれば，抑止力としてすべての同盟国の安全に寄与できる。したがって軍備最強国の国際公共財に対して，他の同盟国は各々相違する「ただ乗り」をすることになる。防衛力は過少供給になる。

　②　weakest-link

$$Y = \mathrm{Min}(y_1,\ y_2,\ y_3,\ \cdots,\ y_n)$$

　これは，マーズやサーズ，COVID 19などの感染症検疫体制のケースである。感染検疫体制の最も緩い国の体制によって世界の感染症検疫体制の水準が支配されてしまう。最も努力しない国で感染症が発生すれば，感染の広がりは抑えられなくなる。どのような高度検疫システムも意味を失い，最小律の法則が成立する。世界の検疫体制は，やはり過少供給になる。

　国際公共財のケースもフリー・ライダーを排除できないため，最適供給量の実現は困難になる。特に地球環境問題については，発展途上国の消極的な取り組みがフリー・ライダーとなって環境改善の進展を妨げる。日本で炭素税を導入して排気ガス規制を強化し，途上国の取り組みが逆に疎かになってエネルギー消費が拡大すると，日本の努力は排出量の地球的総量増加という結果を招きかねない。国際協調体制のもとで，利己的なフリー・ライダー行動を封じ込めない限り，地球環境問題の「囚人のジレンマ」は克服できない。

5　公共財の価格形成方式

　公共財を提供する公益事業（public utility）は，法律上，労働関係調整法に規定されている。国民の日常生活に不可欠な電信，電話，水道，ガス，郵便，医療，公衆衛生の事業である。その他に，業務の停滞が国民経済を著しく阻害し国民の日常生活を危うくする事業で，内閣総理大臣が国会の承認を得て短期（通常1年以内）の期限付きで指定する事業が含まれる。

　経済学では，規模の経済性が大きいため政府規制のもとに独占的企業によって取り扱われている事業を指す。例えば，電気，ガス事業には巨額の資本設備が必要であり，規模の経済性が存在する。生産規模の拡大とともに生産費用の逓減傾向が顕在する。そのような場合には，競争的な事業運営よりも独占的に特定の地域への供給を一企業に任せる方が費用面の有利性を発揮しやすくなる。

　Harold Hotellingは費用逓減産業の価格形成問題に論及し，限界費用価格形成原理を主張した[6]。公益事業以外の産業が競争的であれば利潤極大化行動により，価格は限界費用に等しい。この時，公益事業も限界費用を価格とすることで社会的な資源配分はパレート最適を実現できる。しかし，一般的な費用逓減産業の平均費用は限界費用を上回っているので，公益事業では損失が発生する。公益事業の価格形成が赤字受容型になることは仕方がない。公共部門の行動指針が利潤極大や独占利潤を目指すものではないので，資源配分の効率性が確保されるだけで十分である。

　独立行政法人や政府系金融機関，耐用年数を抱えるライフライン系インフラなどは存続と継続的公共サービスの提供が重要で，独立採算（independent profit system）が望ましいので，これらの部門では平均費用価格形成原理がとられる。特に，電気，ガス，水道，下水道などの公共料金は将来の拡張・維持のため最小限度の利潤（適正報酬）を平均費用に加えた水準で価格設定されている。一般的には平均費用はこのような意味の正常利潤を含みこませている。

　公共事業主体が独占利潤を確保できるような価格形成に走るときには政府に

よる規制が必要になる。これらの事情を簡単に図示すると下図のようになる。

第4-4図 公共価格の決定

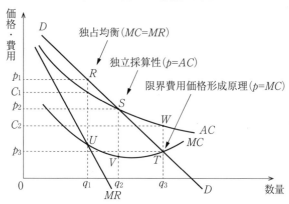

ホテリングの原理により，社会的最適は社会的需要曲線DDと限界費用曲線MCとが交わるT点が均衡点となりq_3の供給量と限界価格形成としてのp_3の価格づけが決まる。この時，平均費用曲線ACはMCよりも上にあるのでWT部分，すなわち価格軸上のC_2p_3が供給1単位あたりの赤字損失となる。

平均費用価格形成（average cost pricing）方式をとると，社会的均衡点はS点になり，価格はp_2になり供給量はq_2となって赤字損失は発生しない。一般的な独占企業の利潤極大化行動は$MR = MC$の条件を満たすU点で実現する。独占利潤を確保するために価格はp_1に生産量はq_1になる。公共部門のこのような価格形成は厳しく規制されなければならない。

6 クラーク税

人々は公共財についての虚偽の選好表明をする可能性がある。公共財の真の効用を表明しない誘因を取り除き，社会的意思決定が適正になされるように導くメカニズムが「クラーク税」である。

ある個人が虚偽表明をすることで社会全体の意思決定が左右される時，それ

によって発生する他人の損失を課税によって当事者から徴収するメカニズムである。簡単な数値例で示そう。

第4-4表　クラーク税の数値例

正真申告事例

個　　　人	I	II	III
公共財評価	150	90	-100
クラーク税	10	0	0

虚偽申告事例

個　　　人	I	II	III
公共財評価	150	90	-250
虚偽クラーク税	0	0	240

　個人I・II・IIIが存在する社会を想定する。所与の公共財計画に対する各人の評価は、（効用−税負担）の純便益量で示される。個人IIIは公共財計画による利得は少なく税負担が重いので−100であるが、他の2人は税負担以上の満足を認識し便益を享受する。各人の税負担の総和が公共財の供給コストである。

　この評価が正真であると、個人Iが社会全体の計画実施を左右することになる。個人IIと個人IIIの評価の総和が−10であり、個人Iの評価を加えて初めて社会全体としては＋140となるからである。個人IとIII、個人IとIIの間では評価の総和はプラスであるので、個人IIと個人IIIは社会的意思決定者ではない。

　個人Iが社会的意思決定者となると、個人Iはクラーク税を負担しなければならない。他の社会成員IIとIIIに発生する純損失量10の負担である。このケースで個人IとIIは虚偽の申告をする誘因をもたない。二人にとって必要な公共財は実現する。クラーク税額は評価申告額とは独立で、評価を変更しても税負担の軽減はない。虚偽の申告の誘因は個人IIIにのみ存在する。個人IIIは虚偽申告で、公共財の計画実施を阻止できるからである。

　そこで虚偽申告事例のように−250と過小評価すれば、社会的評価の総和を−10にして公共財計画を潰してしまえる。しかし、社会的意思決定者が個人III

になるので，個人Ⅲはクラーク税を負担しなければならない。他の個人に発生
する損失額は240であるから，個人Ⅲは公共財計画の実施による－100の純便益
は免れるが，クラーク税240の負担を強いられるので，虚偽申告により140の損
失を引き受けなければならない。結局，虚偽表明の誘因はなくなる。

　クラーク税の構想は，Edward H. Clarkeの1971年論文で開発された[7]。その
後T. GrovesやW. S. Vickreyの同種の論考が彫琢を加え，現在ではピボタル・
メカニズム（Pivotal Mechanism），あるいはヴィクレイ・クラーク・グローブ
ズ・メカニズムの名で言及される理論となっている。

7　公共財のPFI方式

　近年，官民協力（Public-Private Partnerships）の新しい事業手法により公共財
を供給する事例が出ている。特に巨額の建設資金を要する空港，港湾，病院な
どの社会インフラの整備には，民間資金活用が志向され，PPPの一種として民
間資金等活用事業PFI（Private Finance Initiative）が推奨されている。1999年
「民間資金等の活用による公共施設等の整備等の促進に関する法律」（PFI法）
が成立し，2000年にはPFI事業の実施に関する基本方針も策定された。2011年
に改正され，公共施設等運営権の創設などにより，独立採算型事業の推進が図
られるようになっている。

　PFIは公共施設等の建設・維持管理・運営を民間資金・経営能力・技術能力
を活用して行うもので，建設から運営まで民間企業に任せ，予想外の支出増加
についてもリスク分配を予め決めておく方式である。政府はサービスの購入媒
体となる。効率的な社会資本整備が進展すると期待されている。

　全国100余の地域公立病院や大阪府の鳥類生態園などはPFIで企画された。
日本のPFIは政府出資や債務保証も盛り込まれた民間資金の利用で，過保護的
性格のもので，官民の責任分担が明確でなく改善の余地がある。アメリカの特
殊財源債（revenue bond）や免税債券（special facility revenue bond）のような個
別プロジェクトに特定される債券発行を認めると，独立採算型の施設整備が促

進され易くなる。このような一般投資家の人気を集める債券によって広範な民間資金が利用可能になれば，政府の累積債務も軽減できる。

　特に社会インフラが同時期に耐用限度を迎えて老朽化し，更新交換や新増設を多量に必要とする2025年以降に向かって，少しずつ加速的にPFI事業に転換していく必要がある。

　PFIは公共事業の性質によって，①自立投資回収型（独立採算型），②施設・サービス提供型（民間サービス購入型），③共同事業型（第三セクター型）に分けられる。

　独立採算型は民間事業として施設利用料金等で採算をとるもので，BOT（Build-Operate-Transfer）方式，BTO方式，BOO（Build-Own-Operate）方式，BOOT（Build-Own-Operate-Transfer）方式，DBFO（Design-Build-Finance and Operate）方式，すなわち設計・建設・資金調達・運営方式など，いろいろな形態がある。一般的なBOT方式では建設・運営により投資資金及び約定利益を回収できた時点で，公共施設として寄付などで所有権を移転する。

　民間サービス購入型はアウトソーシングの一種で，民間が事業化し政府がサービスを購入して市民に提供するタイプである。道路，病院，福祉事業などの事例が多い。民間と公共部門が事業主体を共同でつくり，運営は民間が担うPFI方式は，従来型の第三セクターとは異なり，責任分担が明確になっている。

【注】

(1)　Samuelson, Paul A., "The Pure Theory of Public Expenditure," *Review of Economics and Statistics*, Vol. 36, Nov. 1954.

(2)　Minasian, J., "Television Pricing and the Theory of Public Goods," *Journal of Law and Economics*, 1964.

(3)　Buchanan, J. M., *The Demand and Supply of Public Goods*, Chicago, Rand McNally, 1968.

(4)　Pigou, A. C., *The Economics of Welfare*, London, Macmillan, 1920, 4th ed., 1932.（永田清監訳『厚生経済学』Ⅰ～Ⅳ，東洋経済新報社，1953 – 55年）

(5)　Coase, R. H., "The Problem of Social Cost," *Journal of Law and Economics*, Vol. 3, Oct. 1960, pp. 1 – 44. コースの代表作は *The Firm , the Market, and the Law*, Chicago, University Chicago, 1990.（宮沢健一・後藤晃・藤垣芳文訳『企業・市場・

法』東洋経済新報社，1992年）

(6) Hotelling. H.,"The General Welfare in Relation to Problems of Taxation and of Railway and Utility Rates,"*Econometrica*，Vol. 6，1938.

(7) Clarke，E. H.,"Multipart pricing of Public Goods,"*Public Choice*，Vol. 11，Fall 1971，pp. 17－33. William Spencer Vickreyは道路通行料金や電力料金の最適化問題を探求し，1996年にノーベル経済学賞を受けている。受賞決定3日後に心臓発作で不帰の人となったが決定時に生きていたので取り消されず，受賞した。

【参考文献】

・ 井堀利宏『ゼミナール公共経済学入門』日本経済新聞社，2005年。
・ 加藤寛監訳『モーリス・ペストン公共経済学』ダイヤモンド社，1975年。

第5章 公共支出

　行政活動の中で，公共支出の役割には3機能がある。弱者支援機能，格差是正機能，生活安定化機能である。

　弱者支援機能として，「市場の失敗」を補うために支出を行う。高齢者福祉関係の支出，生活保護などの扶助費支出など，経済弱者にとって一般的な経済活動で十分な収入を確保できない人々の困難な部分を財政が補っていく。

　COVID 19感染災禍に直面して一人当たり一律10万円を給付したことは記憶に新しい。その他，公共財・公共サービスの提供も市場によっては満たされない社会的価値財を充足させるための公共支出である。

　近年，世界各国でますます激化している所得格差を是正し，課税と支給によって再分配機能を果たすための財政活動がある。最も重要なシステム的支出は，都道府県・市町村に支給する地方交付税交付金である。また地域格差是正のための国庫支出金は，地域創生や災害復興のための補助金であり，被災者の手に所得をもたらすための公共支出である。

　経済安定化のために，財政システムに初めから組み込まれているビルト・イン・スタビライザー制度に加えて，ケインズ的な裁量的財政政策が重要である。失業対策支出，雇用創出のための公共投資支出，財政投融資などの公共支出は景気対策として，国民生活の安定と不況克服のために欠くことはできない。

　公共支出は，様々な状況の中で，効率的で最適な規模でなければならない。また，公共支出は歴史法則的な膨張傾向も内包している。このような傾向を踏まえながら，これからの公共支出のあり方を方向づけなければならない。

　基礎的財政収支（Primary Balance）は，継続的慢性的な赤字である。財政欠陥は，改善がないまま継続している。2060年までにプライマリー・バランスが黒字化する公約は予定の軌道を進んでいるとは言い難い。同時に，地方対策と

して，自主・独立を目指す地方分権の確立が要請されるが，地方財政の困窮は国家財政以上の厳しさがあり，近年，幾分かの見通しの良さは出てきたもののこの課題の実現もむずかしい。更に，2020年のオリンピック延期や新型コロナ災禍は大恐慌以来の経済悪化をもたらしており，回復の軌道さえ見いだせない。

1 主要な政府支出

　政府支出は，社会保障，公共投資，文教及び科学振興，防衛，地方交付税交付金の5大項目で占められ，この構成はほぼ20年以上に亘って変化していない。予算ベースでGDP比20％程度を，一般歳出＋地方交付税交付金＋公債費で構成する。政府支出の漸増傾向は，A. H. G. ワーグナーの「国家経費膨張の法則」を実証している。5大項目を詳説しよう。

(1) 社 会 保 障

　社会保障支出は5つの主要支出で構成されている。すなわち，年金医療介護保険給付費（社会保険費），生活保護，社会福祉，保健衛生対策費（公衆衛生），雇用労災対策費である。

　一般歳出項目の中で最重要項目はこの社会保障関係費（social security expenses）が占めている。昭和40年度（1965年度）からの動向を次の第5－1図に図示しよう。

第5－1図　社会保障関係費

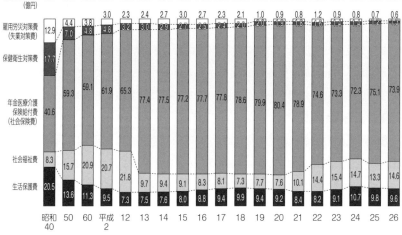

（注）1　平成12年度の介護保険制度の創設にともない，社会福祉費の一部が社会保険費に移行している。

　　　2　平成21年度に，社会保障関係費の内訳について見直しを行っている。

　　　3　計数は，原則としてそれぞれ四捨五入によっているので，端数において合計とは合致しないものがある。

（出所）　可部哲生編著『日本の財政』平成26年度版，東洋経済新報社，2014年，113頁。

　社会保障関係費の中では，当初，年金医療介護保険給付費（社会保険費）が最も大きく，生活保護費，保健衛生対策費，雇用労災対策費（失業対策費），社会福祉費の順であった。全体としては逓増傾向である。特に，高齢社会の年金受給者数の自然増加は給付費の年当たり1兆円増を確定している。他方，生活扶助基準の適正化による生活保護給付の国庫負担縮減も続いている。

　①　年金医療介護保険給付費（社会保険費）

　年金医療介護保険給付費の中では，後期高齢者医療給付費等負担金や国民健康保険療養費等負担金を含む医療保険給付諸費が約40％，基礎年金拠出金等年金特別会計へ繰入等を含む年金給付費がおよそ48％，介護保険制度運営推進費等を含む介護保険給付費が12％程度で計上されている。

　❶　医療保険

　被用者保険（健康保険組合や共済組合などの職域保険）と地域保険（国民健康保

61

険）のいずれかのもとで，病気や怪我などで所得が減少あるいは喪失する場合に，医療を受けながらの生活を保障される。原則として加入者の負担で給付がなされる。2008年4月からそれまでの老人保健制度を廃止し，後期高齢者医療制度（通称「長寿医療制度」）として他の保険制度から独立させた。財源は公債，高齢者支援金，被保険者自身の保険料である。翌年の平成21年度予算から社会保険費は「年金医療介護保険給付費」に変更され，これまで社会保険費に含まれた年金・医療・介護保険以外の経費は基本的に社会福祉費に組み込まれた。

❷ 年金保険

退職，老齢，疾病，死亡などにより所得稼得力の喪失や減少による老後及び遺族の生活を基礎的に支える各種の年金を給付する制度である。この制度によって基礎的な収入の一部が保障される。平成19年4月以降，高所得者の老齢厚生年金の全部または一部が停止・減額されている。70歳以上は保険料負担がなかったが現在は負担が復活している。厚生年金保険料は年収の13.58％を会社と勤務者とが折半で負担していたが，平成16年10月から0.354％ずつ毎年引き上げられ，平成29年度以降は18.30％になった。国民年金の月額保険料は平成17年4月から毎年280円ずつ引き上げられ，平成29年度以降，16,900円になっている。

❸ 介護保険

高齢者が住み慣れた地域で在宅生活を継続できる良質な介護サービスの確保のための国庫負担額が給付される。平成12年（2000年）4月から介護保険制度が始まった。40歳以上の国民から徴収した保険料と公費を財源として介護の必要段階に応じたサービスを受給できる。現在では発足時の3.2兆円から7兆円以上に増大し続けている。65歳以上が支払う介護保険料も全国平均月額で2,911円から3,195円に増加し，さらに高負担化している。

② 生活保護

生活困窮者に最低限度の文化的生活を保障し，住宅，教育，就業，出産，医療，葬祭などの生活全般にわたる扶助を行うことが生活保護である。医療は現物支給，その他は金銭給付である。デフレ経済下の長期不況により生活保護世

帯が急増したが，生活扶助基準の適正化や医療扶助の適正化などにより1,100
億円程度の縮減が可能になった。反面では，不正受給が増加している。

③　**保健衛生対策費（公衆衛生）**

　伝染病の予防，栄養改善などを目的とする制度である。予算額は4,093億円
で，感染症の発生と蔓延の防止を図るための感染症対策費や肝炎治療の医療費
助成も盛り込まれている。消費税増税分（8％→10％）を活用する難病の医療
費助成制度を確立している。予算額の最大の項目は，原爆被爆者等援護対策費
である。一般の保健・衛生，がん検診推進事業，麻薬・覚せい剤等対策費が計
上されている。COVID 19災禍対策には補正予算が必要になった。

④　**雇用労災対策費**

　失業者の生活の安定と早期再就職の実現を目指す制度である。景気の上昇と
ともに減少になった年度もある。消費税増税分（8％→10％）を活用し育児休
業給付の給付率を引き上げ，雇用保険を受給できない者に対する職業訓練及び
訓練期間の生活支援給付を計上している。最大項目は雇用保険国庫負担金で，
失業給付が主である。

⑤　**社会福祉費**

　児童・老人・母子家庭・障害者などが社会生活を営むために必要な支援を行
う制度である。福祉施設の整備を通じて障害者の就労支援事業など障害福祉
サービスを計画的に確保し，現物給付および金銭給付を行う。身体障害者保護
費，児童保護費，障害者自立支援給付費，老人福祉費，児童扶養手当，特別児
童扶養手当などの支給に必要な経費を計上する。障害保健福祉施策と少子化対
策・子育て支援施策が消費税増税分（8％→10％）を活用する充実項目になっ
ている。

(2)　**公共事業関係費**

　社会資本の形成および維持管理に関する支出である。道路，港湾，住宅，上
下水道，河川堤防，ダム，学校，競技場など，社会経済活動の基盤的施設，国
民生活や国土保全の基盤的施設が社会資本である。各種の社会基盤整備は歴史

が浅いものの近年急速度で充実しつつある。国土保全の社会資本，産業基盤としての社会資本，国民の日常生活基盤としての社会資本の3種がある。

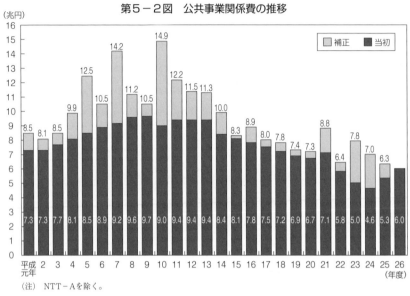

第5－2図　公共事業関係費の推移

(注)　NTT－Aを除く。

（出所）　可部哲生編著『日本の財政』平成26年度版，東洋経済新報社，2014年，155頁。

　社会基盤への政府投資は公共投資と呼ばれている。平成時代における公共事業関係費の推移は上図に示すように，一応の水準に達した後，財政難もあって停滞気味である。社会資本整備状況は，概ね飛躍的な充足を実現できている。

　水害面積29.3万ha→1.2万ha，一般国道改良率35％→92％，重要港湾の公共岸壁数1→97，空港数44→97，公営住宅ストック94.4万戸→309.1万戸など，40年ほどの期間で実現できている。半世紀前の昭和40年当時に比較すると飛躍的な充足であるが，欧米先進諸国の水準に比べるとまだ不足感が否めない。

　情報ネットワーク，自然エネルギー発電施設，リニア新幹線網など新規の社会資本ニーズも増大しており，公共投資の重要性は依然として大きい。景気対策としてケインズ型公共投資が採用されてきた。pump-priming policyとして景気浮揚には有効性があった。近年は公共投資の投資乗数効果が期待通りの成

果をもたらさないため，各国の裁量的財政政策リストから消えつつある。

公共事業は，直轄事業，補助事業，地方単独事業などで展開される。国が事業主体として行う事業が直轄事業であるが，社会資本整備によって地域的な便益が発生するので，応分の負担分を地方公共団体が直轄負担金として引き受けることがある。維持管理に係わる直轄負担金は平成22年度に廃止された。

地方公共団体が国庫補助金などを得て施行する事業が補助事業である。地方が国の支援なしに施行する事業が単独事業である。地方財政の逼迫状況に鑑みると単独事業はニーズが膨張しているが施行されにくい。

東日本大震災からの復興に拍車をかけるために災害復旧等事業費の追加や被災地の復興に向けたまちづくり支援も，復興特別会計に計上されている。

社会資本整備の効率化と透明化を進める観点から，公共事業総合コスト15％減の目標達成を目指している。談合排除，一般競争入札方式の拡大，費用便益分析の活用，事業評価などにも積極的に取り組んでいる。

(3) 文教および科学振興

教育の普及と内容の充実，経済成長を支える基盤としての科学技術の振興に関する支出である。平成25年度の「学校基本調査」によると，専修学校，各種学校を含む学校総数は56,657校である。在学者総数は1,912万人で，教育の機会均等の見地から，高等学校に定時制や通信制課程があり，小・中学校には特別支援学級も設置されている。初等中等教育支出の80％が教員人件費で，都道府県の地方財政支出においても極めて大きなウェイトを占めている。

OECD諸国の中で，義務教育の教員1人当たりの児童生徒数は平均を上回る多さであり，教育への財政支出は少ない。教育投資が教育成果を保証するものではないが，成果の客観的な検証と課題への改善実践が重要である。

義務教育費国庫負担金，文教施設費，教育振興助成費，育英事業費が主要な支出である。国庫負担金は公立義務教育諸学校の教職員給与費の一部に充当される。文教施設費は公立学校の施設整備費の一部負担または交付金交付経費である。教育振興費は生涯学習の振興，初等中等教育の振興，高等学校の振興，

国立大学法人への助成，スポーツ振興などのための経費である。育英事業費は，経済的理由により就学が困難な優秀な学生に対し，学資の貸与を行う独立行政法人日本学生支援機構に，無利子の貸与資金貸付，有利子貸与資金の利子補給金，有利子貸与資金の返還免除・回収不能債権処理経費などを含めている。

　科学技術振興費は，将来にわたる持続的研究開発，重要課題への対応，基礎研究，人材育成など科学技術の振興のための支出である。総合科学技術会議が中心となって基礎研究から実用化・事業化までの研究開発を推進している。重要課題対応型研究開発経費，独立法人経費，各省試験研究機関経費，などが計上されている。

　その他に，文化関係費の支出がある。この項目には，芸術文化の振興，文化財保護の充実，国立文化関係施設の必要経費などがある。文化芸術による「創造力・想像力」豊かな子供の育成，文化芸術創造活動の支援などが盛り込まれている。史跡の保存整備，文化財修理，防災対策の経費も計上されている。独立行政法人国立美術館運営費，独立行政法人日本芸術文化振興会運営費なども支出される。

　今後の課題として，芸術文化分野で活動する芸術関係者への助成をフランス並みに充実させる必要がある。感染症災禍で生活が成り立たなくなった。

⑷　地方交付税交付金等

　令和2年度4月現在において，地方公共団体は都道府県47，市町村1703（市772（政令指定都市20・中核市45を含む）・931町村）の総数1,750団体である。特例市は2015年度から中核市に包含調整され，区分を消滅した。

　これらの地方公共団体は，教育，警察，消防など国民生活に直接関連する身近な行政サービスを展開している。地方行政を実行するための財源を取得し，その財源の管理及び財源からの支出によって経済活動を行う。これが地方財政である。地方財政の実情は個々に異なっている。地方公共団体の数だけ地方財政が存在する。国は地方財政を総体として把握する「地方財政計画」を毎年度策定し，地方財政支援給付総額を決定する。地方公共団体間の財源不均衡を調

整し，財政力の弱い団体も一定水準の行政サービスを提供できるように財源を保障するために，個々の地方公共団体の財源不足額に見合う「仕送り」金を無償給付する。これが地方交付税交付金である。地方財源不足調整給付のために法定率分の資金をプールする。地方交付税と呼ばれる資金である。地方公共団体の独自財源である地方税と国税の一定割合で移転される地方譲与税，法定率分の地方交付税を合計しても50兆円に満たない。地方財政の充分な財源とするには更に50兆円程度が必要となる。地方公共団体が通常発行する地方債，国庫支出金，使用料と手数料などの歳入を掻き集めても財源不足は埋まらない。そこで，毎年度，国は赤字国債を発行して一般会計からの負担による各種の加算と赤字地方債の発行とで何とか補填している。法定率分の地方交付税と各種加算で膨らませた地方交付税が，国の一般会計から「交付税及び譲与税配布金特別会計」（通称「交付税特会」）を通じて地方特例交付金も含めて，地方公共団体に交付される。これが地方交付税交付金である。

国税が順調に拡大し，経済成長に伴う地方税収の伸張性が豊かであった時代が過去のものとなった現在では，この制度によって地方公共団体の行政活動を支えることは困難になっている。経済の発展期には優れたシステムであっても，成熟安定経済にはうまく機能しないシステムとなった。2004年度から3年に亘って取り組まれた小泉政権の「三位一体改革」に続く抜本的なシステム転換が要請される。

法定率分の地方交付税は数次の変更を施された。消費増税は当初の計画から延期され，2019年10月に実施されたが，消費税増税を定めた法律上では地方交付税の変更がまた繰り返された。

(5) 国 債 費

国債は，経費の財源調達のため国が負担する金銭債務一般であるが，通常，証券形態のものを国債，それ以外のものを借入金と呼ぶ。国債は担保のない公的金銭債務で，将来の徴税によって償還（返済）が保証されている。公債（国債・地方債）は租税の先取りとも解釈できるが，強制力のない自発的購入が原

則で，短期間に多額の収入増加を図ることができる。また，利子支払いと元本
償還の義務を将来世代の納税者に負担させることができるので負担の世代間分
割を実現することもできる。

国債はいくつかの基準で分類できる。

❶　償還期限による分類

償還期限が１年以内のものは短期国債（短期債），２〜５年のものが中期国債，
10年程度のものが長期国債，15年以上のものが超長期国債である。現在10年の
利付国債が最大の発行残高を占めている。

短期国債は２種類あり，政府短期証券（FB：Financing Bills）と割引短期国債
（TB：Treasury Discount Bills）とがある。一般的な資金繰りや資金不足を補う
もので，財務省証券，食糧証券，外国為替資金証券，財政融資資金証券，石油
証券がある。これらは国債の流通市場で政府短期証券の名称で売買されている。
償還期限は２ヵ月，３ヵ月，６ヵ月，１年のものがある。割引短期証券は国債
の償還・借換えに対応するために発行される。1986年（昭和61年）から償還期
限が６ヵ月のものが発行され，1999年（平成11年）４月から１年ものが発行さ
れている。これらの短期国債は，2009年（平成21年）２月から市場で流通する
名称だけ変更され，国庫短期証券という統一名称で発行されている。

中期国債には２年利付国債と５年利付国債がある。個人向け国債として５年
固定利付国債と３年固定利付国債がある。長期国債には10年の利付国債がある。
この他に個人向けの10年変動利付国債，10年物価連動国債がある。物価連動国
債は平成25年10月に発行を再開した。超長期国債には，15年変動利付国債（現
在発行停止中），20年利付国債，30年利付国債，40年利付国債がある。

❷　債券形態による分類

償還期限までに定期的に年２回の利払いがなされる国債が利付国債である。
これに対して割引国債は償還期限までの利子相当額を前もって額面金額から差
し引いて販売される国債である。政府は割引国債に利子を支払う必要はないが，
償還時点で額面金額を満額返却することになる。元利金の償還を割賦方式で行
うものが割賦償還制国債で，遺族国庫債券がある。

❸　起債地別分類

国内で発行される国債は内国債，海外で発行される国債が外国債である。

❹　発行根拠法別分類

財政法4条に基づいて発行される国債は建設国債である。財政法に発行根拠のない特例国債（特例公債）は発行の都度，公債特例法などを制定して発行する。近年では数会計年度ごとに立法による法律に基づかせて発行している。特別会計に関する法律第46条第1項・第47条を根拠にしている国債が借換債であり，特別会計に関する法律第62条第1項を根拠にしているものが財政投融資債（財投債）である。

❺　発行目的別分類

国の収入として経費を賄う国債が普通国債である。国庫の日々の資金繰りに利用する国債が政府短期証券である。国の収入にはならないが国の支払い手段となる国債が，交付国債と出資・拠出国債で，遺族国庫債券やIMF通貨代用証券などがある。

国債は，原則として市中消化となっている。特別の事由による国会の議決を経た金額の範囲内でなければ，日本銀行による引き受け発行は財政法第5条によって禁止されている。「日銀乗換」は日本銀行が保有する国債の償還額の範囲内で借換債の引き受けが認められている特異ケースである。通貨膨張を引き起す要因がないことが特別の事由になっている。国債引き受けには，国債募集引受団引受方式（シンジケート団引受方式）と公募入札方式とがあった。シ団方式は平成18年3月末で廃止されたので，現在は原則的にすべての国債発行は公募入札で行われている。どのくらいの利子でどのくらいの金額を貸してくれるのかを競争させ，最も有利な条件で資金調達をしようとする方式である。

2004年10月から諸外国のプライマリー・ディーラー制度に倣って国債市場特別参加者制度が発足した。財務省指定の銀行や証券会社などの大口投資家で構成され，定期的なモニタリング機会が設けられている。国債の一定額の引き受け義務もあり，国債安定消化が実現している。個人向け国債は郵便局や民間金融機関で窓口販売されている。途中の換金も可能である。2003年から発行され

ているが，国債の個人保有比率を高める狙いがある。

　国債費は，これらの国債の利払い，債務償還費，借入金利子，財務省証券利子，国債事務取扱費で構成される。一般会計のおよそ25％を占め，公債発行で公債依存度も跳ね上がっている。国及び地方の長期債務残高は1,200兆円に近づき，GDP比200％に達しようとしている。財政の硬直化はいうまでもなく，ギリシャ並みのデフォルトの危機さえ囁かれるようになった。財政再建と財政健全化が急務となっている。

2　財政再建への途

　現代では，世界のどの国も例外なく，財政難に陥っている。財政世界はいわばパレート最適状態に突入しており，何かの犠牲によってしか良化を求められない緊迫状況にある。単純に財政再建の図式を描けば，増税と行政サービスの削減ということになる。税収増加と歳出抑制を同時に試みるスタイルが世界各国で取り組まれている。アメリカは所得税と法人税の増税と国防費・社会保障費の抑制に取り組んでいる。フランスでは国防費と公務員給与の抑制と付加価値税の増税・特別法人税の導入を実施した。ドイツは付加価値税，連帯付加税の引上げと社会保障関連費の抑制を組み合わせた。イギリスは緊縮財政による歳出削減を打ち出している。日本の財政再建は経済成長による税収の自然増収，相続税増税，消費税の増税，金融政策を活用するデフレ不況からの脱却による経済活性化を柱として取り組まれている。犠牲最小化政策と言えるようなマイルドな財政再建策である。

　地球環境問題が深刻化してきたときに，『沈黙の春』でレイチェル・カーソン女史が警鐘した「29日目の恐怖」が日本の財政に訪れようとしている。つまり，湖に繁茂する水草が毎日倍増していく時，水草が全面を覆って湖を死滅させるのに30日かかるとすれば，29日目の状態は湖の半分が緑で覆われた涼やかな状態に過ぎない。明日死滅するとも知らずに。

　今や，楽観に浸る時間はない。第3章6の家計簿議論で示したように，日本

の財政再建には聖域なき改革が必要で，地方への仕送りと食費・医療費に手を入れる方策も検討しなければならない。これまで高度経済成長期から成熟経済期を支えた続けた優雅な地方交付税システムを再編し，地方の独立採算自治体化を促す「道州制」等を導入して，行政コストを切り詰め，地方交付税交付金の重圧を解消する。他方，圧倒的に不足している税収の拡大のため，資産課税を中心とする増税を進める。例えば，土地税制の大転換が必要である。農地の荒廃を止めるためにも宅地並み課税の全面適用を検討しなければならない。

　トマ・ピケティの世襲資本主義への転換，少子高齢化による人口減少を包摂した新時代税制を新生するには大きな犠牲を甘受する必要がある。国民年金・老齢基礎年金も大減額を要するし，介護保険は軽度介護をカバーし，重度介護には応分の負担責任を設けるなどの方向転換も志向する必要がある。議員定数半減や二院制改変までも検討すべき時を迎えている。国が破綻し，国民が飢えて，万骨枯れては財政再建どころではなくなる。贅沢なシステムは諦め，持ち腐れの国有財産の売却も進め，早期の財政均衡を図らなければならない。国が富めば，また犠牲にした部分を復活させればよい。緊急対策は不可逆的な転換ではなく，条件が整えば取り戻すことのできる変更に過ぎない。

　他方，国家財政の累積債務が家計レベルの債務とは本質的に異なるもので財政再建を急ぐ必要はないという議論もある。債務は数字に過ぎないとすれば，財政の責任はどれほどの累積債務を積み重ねても，国民生活を守り国民を貧困から救済できれば完了する。

3　政府支出の最適化理論

　政府支出に関説する理論をいくつか取り上げて，理論的な分析をしてみよう。

(1)　最適公共投資規模の理論

　直截的に考えると，公共投資の創出する社会的総便益がその費用を上回る純便益を極大化することが政府支出の最適規模になる。

ある時点で一国全体が利用できる資源量は限定されている。多くの資源を公共サービスとして投入すると民間投資はクラウディングアウトされ，減少せざるを得ない。最適な公共投資は，民間投資とバランスをとって均衡する量でなければならない。投資配分の問題が解決されなければならない。

　第5-3図には，縦座標に各部門の投資の限界生産力をとり，横座標には限定的な利用可能投資量をとっている。投資量が多くなるにつれて限界生産力は逓減する。限界生産力は1単位の投資量が創出できるGDP量で測る。公共投資も民間投資も限界生産力の大きな投資から順に実行される。両曲線の下の面積がGDP産出総量になる。図の交点Eにおいて，この面積は極大となる。交点Eからの垂線の足をPとすれば，O_APが公共投資量，O_BPが民間投資量となる。資源配分規準として，公共投資の限界生産力＝民間投資の限界生産力，が成立する。

第5-3図　公共投資の最適配分

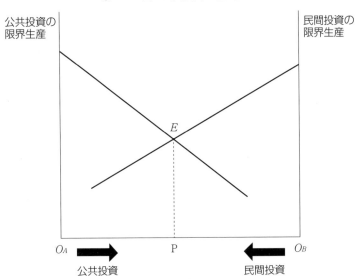

　同様の分析は，地域間配分規準としても成り立つ。2地域（A地域・B地域）モデルに転換すれば，A地域の限界生産力＝B地域の限界生産力，が地域間配

分規準として成立する。

　さらに，異時点間の公共投資量の時間配分についても応用できる。このために，時間選好率を導入する。将来財と現在財との間の評価率が時間選好率である。20％の時間選好率の場合，現在財100と将来財120とが等価になる。利子は一般に時間選好率を示していると考えられる。時間選好率が高いほど，その社会にとって現在財の重要性が評価される。

　第5−4図は，公共投資について2種の限界生産力曲線と水平線で示す2種の時間選好率曲線を設定している。限界生産力（率）が高くなると，社会の時間選好率が変化しなくても現在の公共投資量は増大する（$E→E'$）。社会が現在軽視傾向を強くすると時間選好曲線は下にシフトし，現在の公共投資量は増大する。

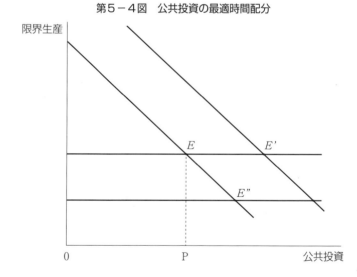

第5−4図　公共投資の最適時間配分

　$E→E''$の均衡点移動がこれである。戦後の高度経済成長時代には，公共投資は道路にしても新幹線網にしても相当大きな限界生産力を発揮できた。人々は将来の生活レベルの上昇を夢見て目前の苦しさを克服して懸命に労働した。時間選好率は低く，公共投資の生産力は高かった。公共投資は諸外国に見られ

た通常（E）以上の量的水準で実行された。

(2)　ニスカネンの予算規模極大化行動

　公共財および公共サービスの提供は，最適量を超えるケースが頻発する。A.
ワーグナーの「国家経費膨張の法則」も歴史的な法則として成立するが，理論
的には解明が難しい。これらの動向を解明する理論がW. A. ニスカネン
（William A. Niskanen）モデルである。

第5-5図　官僚主導の予算膨張

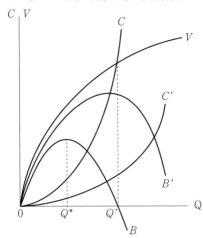

（出所）　W. A. Niskanen, *Bureaucracy and Representative Government*, 1971.

　実証的な官僚理論を追求したニスカネンは，一般論として，官僚は特異な存
在で国民福祉とか国家利益とかを動機として行動することはないと論じた。そ
のような認識の下で，このモデルは，実践的な次のような諸前提を設定する。
　すなわち，官僚は予算編成権をもつ政治家とは独立に行動し，自らの部局の
予算規模の拡大を目指す。公共財コストについて独占的な情報をもち政治家は
予算作成のため官僚の情報に依存する。
　この時，公共財供給コスト曲線が図中のC曲線である。V曲線は公共財から
受ける便益の評価関数である。便宜上，金額表示である。CとVの垂直差は国

民が公共財から受ける純便益である。政治家は国民福祉のために純便益の極大化を目指す。官僚は真の情報を伝えず，自らの予算拡張を目論んで，虚偽の公共財供給コスト曲線C'を提示し，本来の最適供給量Q^*ではなく，虚偽のQ'量の予算を決定させようと誘導する。結果的に予算は大きく膨張し公共財供給は過剰になる。

(3)　リンダール・メカニズム

　政府支出や政府の公共財供給によって便益を受ける者が，自らの評価に応じた受益者負担の原則のもとで，公共財の最適供給量を決定する方式が，リンダール・メカニズム（E. Lindahl's Mechanism）と呼ばれる方法である。

　第5－6図の左図には，2人モデルで互いに各々の公共財需要を示し，自発的に各々のコスト負担率を決定するモデルを展開している。個人Aは原点1において公共財コストを100％負担する意思をもっている。個人Bは原点0で負担率100％を自発的に示すことになる。A，Bはともに負担率が低下するにつれて公共財需要量を増やす。Bの負担率がhのときAの負担率は$1-h$である。

第5－6図　リンダール・モデル

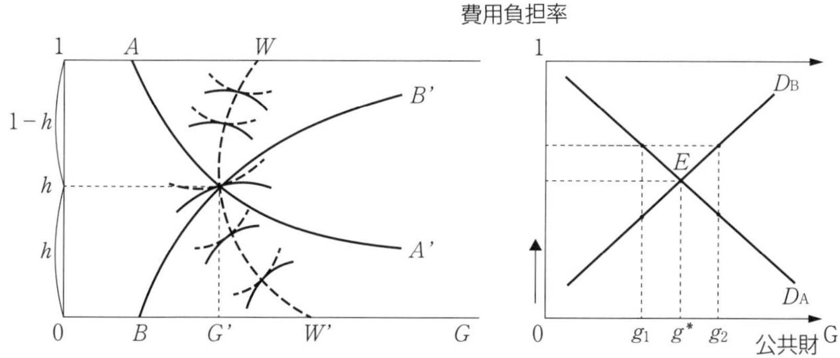

費用負担率

　A，Bの無差別曲線の接点の軌跡が社会的契約曲線WW'であり，公共財と私的財の組み合わせの軌跡がAA'とBB'である。WW'上のリンダール均衡においては，パレート最適が成立している。

右図は，これを単純化して描いたものである。D_Aは個人Aの公共財需要曲線で，D_Bは個人Bの公共財需要曲線である。政府が提示する費用負担率が均衡よりも高い場合は，個人Aの公共財需要量はg_1で，個人Bの公共財需要量はg_2となる。費用負担率にも合意が得られないし，公共財需要量も一致しない。政府が負担率をhまで引下げると社会的均衡量$g*$が実現し，自発的コスト負担率も二人の個人の所望通りに決定される。当然ながら，この時，公共財供給の限界費用は，各個人の公共財の限界便益の和に等しくなっている。

　公共財の限界費用MCのすべてをAとBに負担させる。Bの負担率をhとすればAの負担率は$1-h$である。公共財から得られる限界便益をそれぞれMB_A，MB_Bで示すと，効用極大化を図るとき各人の限界便益は各人の限界費用と均等する。それ故に，$MB_A + MB_B = hMC + (1-h)MC = MC$，が成立する。

(4)　負の所得税 (negative income tax)

　生活保護などの社会保障は結果としての所得保障であるので，自助努力で所得を稼得し，所得が増えるとその分だけ支給額が減少する。自助努力分への100%課税と同じである。一生懸命に働いても生活は楽にならないので，いわゆる「貧困の罠」に陥って，生活保護受給者はその状態から抜け出せなくなる。

　このようなディメリットを回避し，透明性のある社会保障制度を実現し，累進所得税と矛盾しない方策が負の所得税である。M. フリードマン，J. トービンらが公的扶助制度を改革する手段として提案した。

　課税最低限Y_0以下の人に対して，その人の所得Y_2との差額（$Y_0 - Y_2$）の一定割合$t(Y_0 - Y_2)$を給付する制度である。この制度は複雑多岐にわたる社会保障制度に変わって一つの制度で社会保障を実現できる。現行の公的扶助の「貧困の罠」からも抜けやすく勤労意欲を阻害しない利点もある。また，課税最低限度以下の所得層に属するが公的扶助を受けるほどではない貧困層も救済できる。

　これを第5－7図で考えてみよう。Y_0は課税最低限所得水準である。これ
よりも高い所得水準Y_1に対しては正の所得税が課され，$EY_1 = FG$の所得税
が徴収される。他方，最低限以下の所得水準Y_2に対しては$Y_2H = JI$が給付さ
れる。このとき可処分所得はCAGの直線で示される。

第5－7図　負の所得税

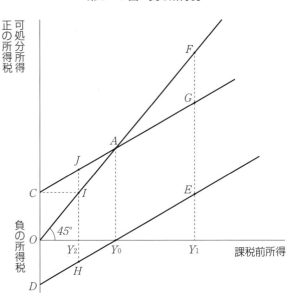

　第5－8図は貧困ラインを入れて負の所得税を際立たせた図である。一般に
貧困線は可処分所得が，勤労者総体の中位年収の半分未満の所得層を区分する。
現在の日本では中位勤労所得が520万円程度であるから，年収260万円未満の所
得層が貧困者となる。図で明らかなように，負の所得税を導入しても貧困層か
ら抜け出せるのではなく，なお貧困ギャップは残存する。

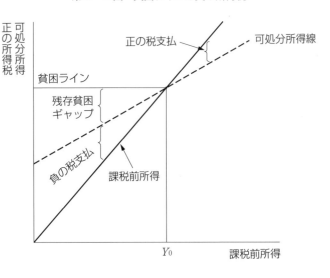

第5−8図　貧困ラインと負の所得税

正の所得税・可処分所得

正の税支払

可処分所得線

貧困ライン

残存貧困ギャップ

負の税支払

課税前所得

Y_0

課税前所得

　現行型の公的扶助制度の下では課税前所得が増えても可処分所得は変化しない。増加分だけ扶助給付が減額されるからである。負の所得税のもとでは可処分所得が増えるので，勤労意欲を阻害しないで済む。第5−7図で，必要な政府支出を比較すると，現行の公的扶助は⊿COIであるが，負の所得税では⊿COAとなり，必要となる政府支出が多くなる。社会保障が遅れているアメリカで，この制度への期待は大きかったが，政府の支出負担が重くなるので，社会的支持が得られていない。

【参考文献】
・　可部哲生編著『日本の財政』平成26年版，東洋経済新報社，2014年。
・　加藤寛監訳『ペストン　公共経済学』ダイヤモンド社，昭和50年。
・　井堀利宏『公共経済学』新世社，1998年。
・　星野泉・小野島真『現代財政論』学陽書房，2007年。
・　池宮城秀正『財政学』ミネルヴァ書房，2019年。
・　財務省『日本の財政関係資料』令和2年7月。

第6章　制 度 改 正

1　酒税改正（消費課税関連）

　かつては地方交付税交付金の財源として国税の基幹税目であった酒税も，嗜好の変化，販売自由化，国際的競争の激化などにより，改正を迫られ，基幹税の地位も失っている。現在では，類似酒類間の税率格差が，商品開発や販売数量にも影響しているので，酒類間の税負担の公平性を回復する必要に迫られている。

　酒税は酒税法により酒類に課される国税で消費課税として消費税も併課される。酒類とはアルコール分１度以上の飲料である。これには希釈飲料も含まれ，アルコール分90度以上のアルコールのうち酒類製造免許者が酒類の原料として製造場で製造するもの以外は除かれる。

　酒類は製造方法と原料等により10種に分類される。清酒，合成清酒，焼酎，味醂，ビール，果実酒類，ウイスキー類，スピリッツ類，及び雑酒である。さらに，焼酎，果実酒類，ウイスキー類，スピリッツ類，及び雑酒については製造方法，成分等によって品目ごとに細分され，税率も異なる。

　課税標準は，酒類の数量で，製造場から移出する，あるいは保税地域から引き取る，酒類数量に課税される。酒類の種類ごとに１kℓ当たりで税率が定められている。納税義務者は製造業者あるいは保税地域から引き取る者である。

　酒類製造業者は毎月，製造場から移出した酒類数量，税額を所轄税務署長に翌月末までに申告納付する。酒類製造販売業には免許が必要で，税務官庁検査，取締権が法定されている。間接税の中では厳格な扱いがなされる。

　酒税改正は，税率構造改正とビール系飲料の定義変更，地方創生のための改

正が予定されている。

❶ 税率改正

　税率改正は今後6年間にわたって十分な経過期間を確保しながら段階的に進められる。改革は税収に中立であるように設定され，家計への負担変動を勘案して，第6-1図のように実施される。

第6-1図　酒税改正

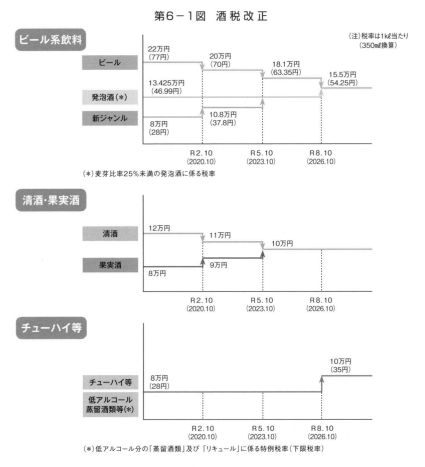

（出所）　財務省『平成29年度税制改正』平成29年11頁。

　このような税率構造の変更により，酒類は全般的に増税となり，酒類別の格

差は是正に向かうが，晩酌文化には痛税感がある改正となる。

❷　ビール系飲料の定義変更

　地ビールの開発等を支援し，海外ビールの輸入増勢に配慮して，麦芽比率要件が緩和されて67％→50％になり，副原料の範囲を拡大して果実や香味料も追加される。このような見直しにより，ビール系飲料の範囲は拡大し，酒税税収の増収が図られる。発泡酒は雑酒で，麦芽（malt）使用料を67％未満に抑えた「第3のビール」は「その他の雑酒」として開発された。高税率回避の新種で市場が拡大したので，財務省は「似た風味であれば同じ税率で課税」の立場から酒類分類を再編成し直して，通常ビールとの適用税率格差是正に取り組んだが，市場の反応は厳しく，また，発泡酒は麦芽を糖化でんぷん等に代替して25％以下にまで使用量を低下させる対応を見せたので，酒税の税収減少が継続した。平成29年度の改正に至り，ビールと同等の税率対応になった。

　ビール系飲料に，新ジャンル品やホップを原料とする品目，苦味価や色度が一定以上の品目も発泡酒として追加し，3段階税率を見直し，全般的な増税に向かっている。第6-2図に示す通りである。

第6-2図　ビール系飲料の定義変更

品目等		定義	税率(350㎖換算)
現　行			
ビール		✔ 麦芽・ホップ・水・法定副原料のみ使用 ✔ 麦芽比率67％以上	77.00円
発泡酒		✔ 麦芽を使用	46.99円
	新ジャンル	✔ エンドウたんぱく・ホップ等を使用 ✔ 発泡酒(ホップ使用)に麦スピリッツを混和	28.00円
	その他の発泡性酒類	✔ その他(チューハイ等)	
見直し (税率は令和8年10月時点)			
ビール		✔ 麦芽・ホップ・水・法定副原料(一部拡大)のみ使用 ✔ 麦芽比率50％以上 (下線部分は平成30年4月1日施行)	54.25円
発泡酒		✔ 麦芽を使用 ✔ ホップを使用(※現行の「新ジャンル」は全て該当) ✔ その他のビール類似商品(苦味価・色度一定以上) (下線部分は令和5年10月1日施行)	54.25円
	その他の発泡性酒類	✔ その他(チューハイ等)	35.00円

（出所）　財務省『平成29年度税制改正』平成29年12頁。

❸　地方創生のための酒税改正

　日本産の酒類の輸出促進をめざし，地域の地場産業としての特色ある醸造業
を振興させるためにも，日本産の酒ブランドの価値を高め，地方創生に資する
ための改正が「酒蔵ツーリズム免税制度」の創出である。また，地場産業とし
ての焼酎製造について，構造改革特区の枠組みを活用する焼酎特区を創設して
地域創生を支援する改正にしている。

第6-3図　酒蔵ツーリズム免税制度

（出所）　財務省『平成29年度税制改正』平成29年13頁。

　平成29年10月1日から，酒類製造業者が輸出酒類販売場において外国人旅行
者等に醸造した酒類を販売する場合に，酒税も消費税も免税にする制度である。
販売場は税務署長の許可が必要である。近年のジャポニズムへの注目や日本食
ブームもあり，観光立国を謳う政府の経済成長戦略にも資する改正である。
　地域の特産物である，芋や麦，トウモロコシなどを原料とし単式蒸留焼酎を
少量製造する場合には製造免許の最低製造数量基準の適用がなくなり，少量の
初垂れを特区内ならば販売できるように改正されたので，このような地域創生
戦略も期待がもてる。

2　中小企業支援のための制度改正（法人課税関連）

　日本の産業構造は特異な「二重構造」であった。いわゆる大企業とそれを支
える裾野産業としての中小企業との合体構造をしていた。この二重構造こそ高

度経済成長を驀進し続けられた日本独特の産業構造要因であったが，安価な労働コストを求めて大企業の生産拠点が海外に流出し，日本の産業構造は空洞化してしまった。中小企業は地域工業の担い手でもあるので，地域経済の盛衰を左右する主要要因であり，地域創生には不可欠な起動要因でもある。

　日本の製造業部門の企業の99％が資本金3億円以下，従業員数300人以下の中小企業であり，その技術水準の高さと勤勉誠実な労働とがmade in Japanのブランド力になって海外の高い評価を得る製品を造りだしてきた。

　しかしながら産業の空洞化と，少子高齢化による労働力不足とが中小企業の存続を脅かし，日本の産業の危機を深刻化させ始めている。このような中小企業の苦境を救うための税制改正が近年取り組まれることになった。

❶　地域経済を牽引する企業向けの投資促進税制の創設

　地域経済への波及効果があって高い先進性のある新産業事業に挑戦する企業や事業者を支援して，投資促進税制が創設された。概要は第6－4図に示す通りである。

第6－4図　中小企業投資促進税制

【要件】	【措置の内容】		
・事業計画が地域の強みを活かした、地域経済に対して高い波及効果があること等の要件を満たすものとして都道府県知事の承認を受けていること	対象設備	特別償却	税額控除
・先進性を有する事業であることについて主務大臣の確認を受けていること	機械装置・器具備品	40%	4%
・承認された事業計画に基づいて行う設備投資の合計額が2,000万円以上であること　　　等	建物等・構築物	20%	2%
	＊取得価額100億円を限度		

（出所）　財務省『平成29年度税制改正』平成29年8頁。

❷　中小企業投資促進税制等の拡充

　中小企業の「攻めの投資」を後押しし，サービス産業の生産性向上のための中小企業投資促進税制等の拡充により，対象設備を拡充し対象外の器具備品・建物附属設備を追加する改正がなされた。概要は第6－5図に示す通りである。

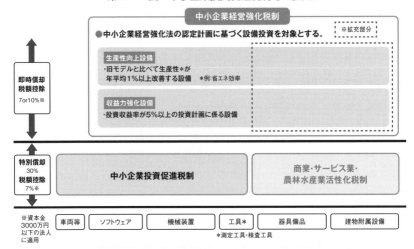

第6−5図　中小企業投資促進税制等の拡充

中小企業経営強化税制

●中小企業経営強化法の認定計画に基づく設備投資を対象とする。　※拡充部分

即時償却
税額控除
7or10%※

生産性向上設備
・旧モデルと比べて生産性*が
　年平均1%以上改善する設備　*例：省エネ効率

収益力強化設備
・投資収益率が5%以上の投資計画に係る設備

特別償却
30%
税額控除
7%※

中小企業投資促進税制

商業・サービス業・
農林水産業活性化税制

※資本金
3000万円
以下の法人
に適用

| 車両等 | ソフトウェア | 機械装置 | 工具* | 器具備品 | 建物附属設備 |

*測定工具・検査工具

【税額控除の上限額】
　中小企業経営強化税制、中小企業投資促進税制、商業・サービス業・農林水産業活性化税制を合わせ、法人税額の20%とする。
【中小企業投資促進税制】
　中小企業者等が、特定機械装置等の取得等をした場合に30%の特別償却又は7%の税額控除ができる制度。
【商業・サービス業・農林水産業活性化税制】
　商業・サービス業・農林水産業を営む中小企業者等が、経営改善のために店舗改修などの設備投資を行った場合に30%の特別
　償却又は7%の税額控除ができる制度。

（出所）　財務省『平成29年度税制改正』平成29年９頁。

❸　租税特別措置の適用要件の見直し

　財務基盤の弱い中小企業を支援するために，中小企業向け租税特別措置の適
用要件を，過去３年の平均課税所得が15億円以下であることを加えた改正がな
された。

3　地方拠点強化税制の拡充（法人課税関連）

　地方拠点での新規雇用者数に応じた税額控除制度について，無期・フルタイ
ムの新規雇用に対して，税額控除額が上乗せされる措置が講じられた。その概
要は，オフィス等の税額控除は移転型７％，拡充型４％で維持され，雇用促進
税制の特例を拡充させて追加した。概要は第６−６図に示す通りである。

第6－6図　地方拠点税額控除制度の拡充

雇用促進税制	地方拠点強化税制	
	特例1	特例2
「同意雇用開発促進地域内事業所の前期比無期・フルタイムの新規雇用増（法人全体の前期比雇用増を上限）×40万円」の税額控除 要件i：法人全体の前期比雇用増が 　　　　5人（中小2人）以上 要件ii：法人全体の雇用者数が 　　　　前期比10％以上増　　　等 【同意雇用開発促進地域】 有効求人倍率が全国平均の3分の2以下であるなどの要件を満たす地域	【改正前】 特定業務施設における前期比雇用増（法人全体の前期比雇用増を上限）×50万円 （要件iiを満たさない場合、20万円） 【改正後】 特定業務施設における前期比雇用増のうち無期・フルタイムの新規雇用について、税額控除額を一人あたり10万円上乗せ※	移転型の「計画」である場合に限り、当該地方拠点における「計画」認定直前期の雇用者数に対する雇用増×30万円（最長3年間）

※特定業務施設における新規雇用者のうち非正規雇用者の比率が全国平均（40%）を超える場合、超過した非正規雇用者に関する税額控除額は一人あたり10万円減額

【特定業務施設】
事業者の事業や業務を管理、統括、運営している施設

（出所）　財務省『平成29年度税制改正』平成29年10頁。

これらの税制改革がどの程度の効果を発揮するのかは疑問である。まず，民間に膾炙して広めることが必要で，政府活動の広報が重要である。また，近年のような改正から改正へと目まぐるしい変更があると，徒に税制の明瞭性を損なうだけで，良策とは言えない。複雑化して細分化される税制改正には追随できない人々の滞納や延納が頻発するだけである。租税の明瞭性原則に再び従う必要があろう。

4　国際課税制度

グローバリゼーションの進展と共に世界的に活動する企業や個人の課税調整の必要性が高まっている。最近の国際的プロジェクトがG 20とOECDによって2012年に立ち上げられたBEPSである。

「税源浸食と利益移転（Base Erosion and Profit Shifting）プロジェクト」とは世界の多国籍企業による国際的脱税や課税回避を防ぎ，公平に国際的競争条件を整備するための巨大計画である。2015年10月に主要国間合意がなされ，現在

では130カ国以上が参加している。

　このような国際課税制度はルールを統一し明確にすることで国際取引の円滑な実行を可能にする。概略的なメカニズムは第6－7図で理解できる。

第6－7図　利益移転阻止プロジェクト

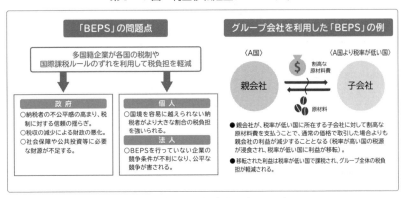

（出所）　財務省『もっと知りたい税のこと』令和2年，24頁。

　多国籍企業の課税逃れ行動は，平成20年（2008年）のリーマン・ショック以後の各国財政の悪化とともに批判が集中し，各国の税制や国際課税ルールのズレを利用する企業行動を封じ込めようとして検討された。

　現在，日本は国際的な経済交流を促進し，健全な国際投資を実現するために，二国間で租税条約を締結して，グローバル企業の租税回避，徴収回避に対抗している。租税条約ネットワークは2020年5月時点で，第6－8図に示すように139カ国との間で締結されている。

第6－8図　日本の租税条約ネットワーク

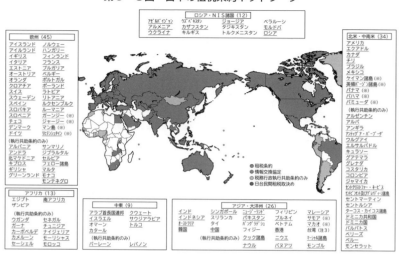

ロシア・ＮＩＳ諸国（12）
アゼルバイジャン　ウズベキスタン　ジョージア　ベラルーシ
アルメニア　カザフスタン　タジキスタン　モルドバ
ウクライナ　キルギス　トルクメニスタン　ロシア

欧州（45）
アイスランド　ノルウェー
アイルランド　ハンガリー
イギリス　フィンランド
イタリア　フランス
エストニア　ブルガリア
オーストリア　ベルギー
オランダ　ポルトガル
クロアチア　ポーランド
スイス　ラトビア
スウェーデン　リトアニア
スペイン　ルクセンブルク
スロバキア　ルーマニア
スロベニア　ガーンジー（※）
チェコ　ジャージー（※）
デンマーク　マン島（※）
ドイツ　リヒテンシュタイン（※）
（執行共助条約のみ）
アルバニア　サンマリノ
アンドラ　ジブラルタル
北マケドニア　セルビア
キプロス　フェロー諸島
ギリシャ　マルタ
グリーンランド　モナコ
　　　　　　　モンテネグロ

北米・中南米（34）
アメリカ
エクアドル
カナダ
チリ
ブラジル
メキシコ
ケイマン諸島（※）
英領ヴァージン諸島（※）
パナマ（※）
バミューダ（※）
（執行共助条約のみ）
アルゼンチン
アルバ
アンギラ
アンティグア・バーブーダ
ウルグアイ
エルサルバドル
キュラソー
グアテマラ
グレナダ
コスタリカ
コロンビア
ジャマイカ
セントクリストファー・ネービス
セントビンセント及びグレナディーン諸島
セントマーティン
セントルシア
タークス・カイコス諸島
ドミニカ共和国
ドミニカ国
バルバドス
ベリーズ
ペルー
モンセラット

アフリカ（13）
エジプト　南アフリカ
ザンビア
（執行共助条約のみ）
ウガンダ　セネガル
ガーナ　チュニジア
カーボベルデ　ナイジェリア
カメルーン　モーリシャス
セーシェル　モロッコ

中東（9）
アラブ首長国連邦　クウェート
イスラエル　サウジアラビア
オマーン　トルコ
カタール
（執行共助条約のみ）
バーレーン　レバノン

アジア・大洋州（26）
インド　シンガポール　ニュージーランド　フィリピン　マレーシア
インドネシア　スリランカ　パキスタン　ブルネイ　サモア（※）
オーストラリア　タイ　バングラデシュ　ベトナム　マカオ（※）
韓国　フィジー　香港　台湾（注3）
（執行共助条約のみ）　クック諸島　ニウエ　マーシャル諸島
ナウル　バヌアツ　モンゴル

● 租税条約
● 情報交換協定
● 税務行政執行共助条約のみ
● 日台民間租税取決め

（注1）税務行政執行共助条約が多数国間条約であること、及び、旧ソ連・旧チェコスロバキアとの条約が複数国へ承継されていることから、条約等の数と国・地域数が一致しない。
（注2）条約等の数及び国・地域数の内訳は以下のとおり。
　・租税条約（二重課税の除去並びに脱税及び租税回避の防止を主たる内容とする条約）：63本、73か国・地域
　・情報交換協定（租税に関する情報交換を主たる内容とする条約）：11本、11か国・地域（図中、（※）で表示）
　・税務行政執行共助条約：締約国は我が国を除いて107か国（図中、国名に下線）。適用拡張により124か国・地域に適用（図中、適用拡張地域名に点線）。
　　　　　　　　　このうち我が国と二国間条約を締結していない国・地域は54か国・地域。
　・日台民間租税取決め：1本、1地域
（注3）台湾については、公益財団法人交流協会（日本側）と亜東関係協会（台湾側）との間の民間租税取決め及びその内容を日本国内で実施するための法令によって、
　　　　全体として租税条約に相当する枠組みを構築（現在、両協会は、公益財団法人日本台湾交流協会（日本側）及び台湾日本関係協会（台湾側）にそれぞれ名称が改称されている。）。

（出所）　財務省『もっと知りたい税のこと』令和2年，25頁。

　BEPSに関連して，外国子会社合算税制の改正がなされた。日本企業の海外展開を阻害せずに，さらに効果的な国際的租税回避に対抗するための改正である。これはBEPS実施に関連する国内法の整備である。この新制度は平成30年4月1日以後に開始する外国子会社の事業年度から適用される。この改正は租税回避に関与しない企業に過剰な事務負担がかからないよう配慮されている。
　改正のポイントは第6－9表にまとめてある。

第6-9表　BEPS関連の国際課税制度の改正

見直しの目的	内容
■会社単位の税負担率が一定率（トリガー税率）以上であることのみを理由に、合算対象とされないことへの対応	■トリガー税率を廃止し（①）、ペーパーカンパニー等の所得は、原則、会社単位で合算（②） （注：ただし、一定の保険委託者・資源投資法人については、事業実態に配慮した特例を措置）
■租税回避リスクに効果的に対応しつつ、現行制度と比較して過剰な事務負担が企業にかからないようにする	■事務負担軽減の措置として、会社単位の租税負担割合「20%」による制度適用免除基準を設定（③）
■資本関係は無いが、契約関係等により子会社を支配しているケースや間接支配への対応	■実質支配基準の導入と持株割合の計算方法の見直し（④）
■実体ある事業を行っている航空機リース会社や製造子会社の所得が合算されないよう対応	■事業基準・所在地国基準の判定方法の見直し（⑤）
■第三者を介在させることで、「非関連者基準」を形式的に満たすケースへの対応	■非関連者基準の判定方法の見直し（⑥）
■経済実体のない、いわゆる受動的所得は合算対象とする	■受動的所得の対象範囲の設定（配当、利子、無形資産の使用料等）（⑦） （注：ただし、金融機関が本業から得る金融所得は合算対象から除外）

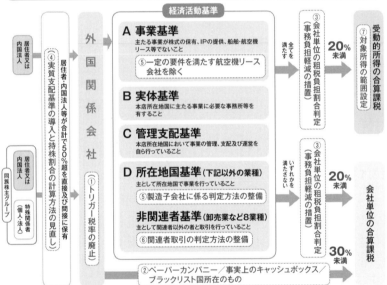

（出所）　財務省『平成29年度税制改正』平成29年16頁。

　国際課税の中で，保護関税ではなく，税収獲得を目的にし，その税収を特別会計に繰入れて諸対策の原資として使うための関税が，財政関税（revenue tariff）である。これは別名，歳入関税とも呼ばれ，代表的なものは石油関税である。

5　災害対策の税制改正

　近年の災害は，地球温暖化の影響で巨大化し激甚化している。頻発する災害に対して機動的に対応するために，災害減免法等の規定の他に，災害対応の税制上の規定を常設する改正がなされた。

　全ての災害に適用される税制規定は次のものである。

①住宅ローン減税の適用特例，②財形住宅・年金貯蓄の非課税措置の特例，③災害損失の繰戻しによる法人税額の還付，④仮決算の中間申告による所得税額の還付，⑤住宅取得資金の贈与税の特別措置に係る居住要件の免除等，⑥山林に係る相続税の納税猶予等の規模拡大要件の緩和，⑦法人税・消費税の中間申告書の提出不要，⑧被災酒類に係る酒税相当額の還付方法の簡素化。

　また，別に災害に応じて指定適用される税制措置も次のようにある。

第6－10図　災害指定適用

① **被災者の生活再建に資する措置**
　→「被災者生活再建支援法」の対象となる災害に適用
- ・住宅の再取得等に係る住宅ローン減税の特例
- ・被災した建物の建替え等に係る登録免許税の免税
- ・被災者が取得した住宅取得等資金に係る贈与税の特例
- ・建築工事の請負に関する契約書等の印紙税の非課税
- ・被災自動車に係る自動車重量税の特例還付

② **事業者の再建等に資する措置**
　→「特定非常災害特別措置法」の対象となる災害に適用
- ・買換え特例に係る買換え資産の取得期間等の延長
- ・被災代替資産等の特別償却
- ・特定地域内の土地等の評価に係る相続税・贈与税の基準時の特例等
- ・消費税の課税事業者選択届出書の提出等に係る特例

③ **他法令の仕組みを前提としている措置**
- ・被災市街地復興土地区画整理事業等に係る土地等の譲渡所得の課税の特例（被災市街地復興特別措置法）
- ・事業承継税制（相続税・贈与税）における事業継続要件等の緩和（一部の要件について中小企業信用保険法が前提。その他の要件について，全ての災害に適用。）
- ・公的貸付機関等・金融機関が行う特別貸付に係る消費貸借に関する契約書の印紙税の非課税（激甚災害法）

（出所）　財務省『平成29年度税制改正』平成29年17頁。

このような税制改正により，被災者の救済は支障が少なくなり，迅速に対応できる体制になりつつある。さらに，COBID 19による感染災禍の経験から，休業支援，協力金，所得補償などの生活防衛上の財政支援も常設に向かって整備される。

　災害や感染が身に降りかかってきた時には，制度的な知識を活用して国民の立場で財政措置を最大限活用すべきである。知識があれば，自助の手に余る被災にも対策がある。財政の使命はそこにこそ存在する。

【参考文献】
・　財務省『平成29年度税制改正』平成29年。
・　財務省『もっと知りたい税のこと』令和２年６月。

第7章　社 会 保 障

　社会保障（social security schemes）は，個人の責任と努力だけでは対応が難しい病老生死の生活上のリスクに対して，社会の成員が相互に連携して支え合い，貧困を予防し困窮から救済し生活安定のために国家が所得移転によって所得保障し，医療，介護などを給付する制度である。

　社会の成員がこのような制度の下で社会的サービス（social benefits）を享受して獲得する幸福感が社会福祉（social welfare）である。すべての国民に最低限の幸福と社会的援助を約束するという理念が社会福祉である。更に公衆衛生を含む社会生活全般にわたる危険から人々を守る安全網（safety net）を設けて，基本的な生活の安定・安心を生涯にわたって提供する制度が社会保障である。

　貧困者救済を政策に掲げたアメリカのNew Deal Policyが嚆矢となり，日本では論争的歴史ではあるが，厩戸皇子（聖徳太子）が592年四天王寺を建立し悲田院を設置し救済施設とした伝承がある。記録に残る最古の悲田院は養老7年（723年）光明皇后が興福寺に設置した福祉施設である。

　社会保障制度は，具体的な内容として，社会保険，社会福祉，公的扶助，保健医療・公衆衛生を総称した制度である。社会保険は強制加入形態の保険制度で，病気，怪我，出産，老齢，障害，失業，死亡など生活上の困難に遭遇した時に一定の給付をして生活安定を図るための保険である。社会福祉は様々なハンディキャップに悩む人々に社会生活上の公的支援を行う制度である。公的扶助は生活困窮者に最低限度の文化的生活を保障し自立を促す制度である。保健医療・公衆衛生は健康な社会生活のための健康維持，疾病予防，環境衛生を提供する制度である。

　イギリスでは社会保障は経済的保障だけに限定され，ILOやEUではsocial protection（社会的保護）と言う。またOECDではsocial expenditure（社会的支

出）を用いて統計処理をしているので，内容は様々である。

1　社会保険（social insurance）

　社会保険制度は社会保障の中心的制度であり，年金保険，雇用保険，医療保険，労災保険，介護保険の5種類がある。保険加入者が保険料を拠出し，病気や事故に際して給付を受ける制度である。財源を雇用者あるいは雇用主，または両者が供出する場合，社会保険制度という。社会保険負担総額・GDP比率を社会保険負担率といい，主要先進国の中ではオーストラリアとニュージーランドが社会保険制度をもっていない。

　歴史的には，1883年ドイツ帝国の初代宰相Otto Eduard Leopold von Bismarckが社会的弱者である労働者に対する保護立法として疾病保険制度を創設し，続いて災害保険，廃疾・老齢保険も始めた。賃金水準の低い労働者を対象にするこれらの社会保険はビスマルク型社会保険と呼び，国民保険とは区別している。

(1)　年金保険

　高齢になったとき，あるいは障害を負うなどのとき，年金給付を受けることができる。国民年金，厚生年金，共済年金などの種類がある。

　国民年金は日本国内に住む20歳以上60歳未満のすべての人が加入を義務づけられている。老齢・障害・死亡により「基礎年金」の給付を受ける。第1号被保険者，第2号被保険者，第3号被保険者，の3種類がある。どの制度に加入するかに応じて保険料の納め方が異なる。第1号被保険者は農業従事者，学生，フリーター，無職者などを対象とする制度で，納付書または口座振替などで自ら保険料を納付する。納付ができない場合は免除や納付猶予の仕組みがある。第2号被保険者は厚生年金保険の適用を受けている事業所に勤務する人で自動的に国民年金にも加入する。65歳以上ですでに老齢年金を受給する人は除く。第3号被保険者は第2号被保険者の配偶者で20歳以上60歳未満の人であるが，

年間所得が130万円以上で健康保険の扶養者となれない人は第1号被保険者である。この該当者の保険料は配偶者の加入する年金制度が一括負担する。国民年金保険料は平成29年度（2017）年度まで毎年280円ずつ引き上げられ，月額16,900円で固定された。

　平成26年度末の加入者は1,742万人である。第3号被保険者の保険料の本人負担はなく，配偶者の加入している年金保険者が負担する。加入者は932万人である。

　厚生年金は厚生年金保険の適用を受ける会社に勤務するすべての人が加入しなければならない保険である。これらの加入者は厚生年金制度を通じて国民年金に加入する第2号被保険者で，国民年金給付である「基礎年金」に加えて厚生年金を受給する。厚生年金保険料は標準報酬月額の16.766％で労使折半の額であるが，最終的には平成29年9月から18.3％で労使折半の保険料に固定された。

　共済年金は国家公務員，地方公務員，私立学校教職員など常時勤務する人が組合員あるいは加入員として加入する年金保険である。共済年金は短期給付と長期給付があり，短期給付は健康保険と同様の給付，長期給付は年金給付と同様の給付をする。共済組合等の長期給付は，退職共済年金，障害共済年金，遺族共済年金の3種あり，原則として基礎年金に上乗せして給付される。加入者は4,038万人。

　年金制度の体系図は次図の第7－1図に示すとおりである。

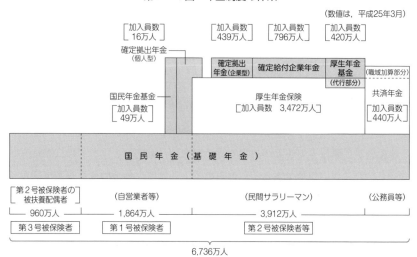

第7−1図　年金制度の体系

（数値は，平成25年3月）

| | 加入員数
16万人 | | | 加入員数
439万人 | | 加入員数
796万人 | | 加入員数
420万人 |

確定拠出年金
（個人型）

確定拠出
年金（企業型）　確定給付企業年金　厚生年金
基金　（職域加算部分）
（代行部分）

国民年金基金

厚生年金保険
［加入員数　3,472万人］　共済年金

加入員数
49万人　　　加入員数
440万人

国　民　年　金　（　基　礎　年　金　）

第2号被保険者の
被扶養配偶者　　（自営業者等）　　（民間サラリーマン）　　（公務員等）

960万人　　　1,864万人　　　3,912万人

第3号被保険者　　　第1号被保険者　　　第2号被保険者等

6,736万人

(注)1　厚生年金基金，確定給付企業年金及び私学共済年金の加入者は，確定拠出年金（企業型）にも加入できる。

　　2　国民年金基金の加入員は，確定拠出年金（個人型）にも加入できる。

　　3　第2号被保険者等は，被用者年金被保険者のことをいう（第2号被保険者のほか，65歳以上で老齢または退職を支給事由とする年金給付の受給権を有する者を含む）。

　　4　合計値のずれは端数によるもの。

（出所）　可部哲生編著『日本の財政』平成26年度版，東洋経済新報社，2014年，119頁。

　公的年金の資金の流れは第7−2図のようになる。数字は2015年予算額である。

第7－2図　公的年金全体の資金の流れ

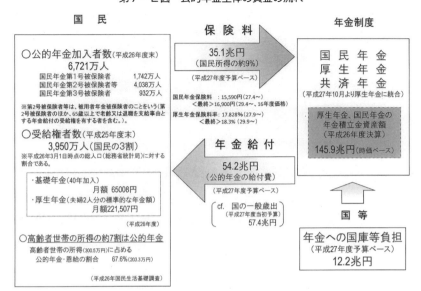

（出所）　http://www.mhlw.go.jp/stf/seisakunitsuite/bunya/kenkou_iryou/

　昭和36年（1961年）国民皆保険・国民皆年金を達成し，全国民を対象とした総合的な社会保障の基盤が形成された。国民年金は，国民年金保険料を25年間以上掛け続けた者が老齢基礎年金を受給する。受給開始年齢は65歳から順次年齢を高め，将来は70歳受給開始にまで引き上げられる。年金制度を支える財政負担は相当に厳しくなっており，少子高齢化と平均余命の伸張に鑑みて受給開始を遅らせる等の調整を図っている。基金の運用も順調ではなく難渋している。

　日本では，長期化する老後を貧困とは無縁に生活するためには各種の年金では足りない。労働期に貯蓄して老後に備えながら私的保険のカバーも手立てしておかなければならない。終身型生命保険や所得保障型保険の広がりも現代の特徴である。日本場合，公的年金は国民年金，厚生年金，共済年金の3種で，その他に，国民年金基金や厚生年金基金，確定拠出年金などの私的年金がある。

　日本の公的年金制度は，現役世代の保険料負担で高齢者世代の年金給付額を賄う「世代間扶養」の理念のもとに，賦課方式（pay-as-you-go financing）で運営

されている。この方式では，保険料の急増や給付水準の急落は避けられない。理論的には，自分の年金保険料掛金を積み立てながら運用益も加えて膨らませ，将来時点で自分が受け取れるようにする積立方式（funded financing）が理解しやすい。

　日本の公的年金制度は成立当時の経済環境が良好だったので，将来の財政逼迫など想定せずに，相対的に少ない高齢者を旺盛な現役世代で支える賦課方式を採用した。この財政方式に大きな困難を察知できなかった。現在の基本的な賦課方式を転換するには，現役世代が，自己の積立てをしながら，同時に高齢者を支える賦課も負担するという二重負担が必要になるので，容易ではない。

　現在の年金構造には，確定拠出年金が加わって一部の人には手厚い老後保障がなされている。この年金は私的年金であり，拠出された保険料掛金を運用し，運用益に応じて事後的に年金給付額を決定する掛金建て年金である。労使合意のもとで設立される企業型と国民年金基金連合会が実施する個人型がある。企業型は保険料掛金を事業主が拠出していたが，平成24年（2012年）1月から従業員も拠出できるマッチング拠出が認められている。この保険料は拠出時非課税扱いになっている。65歳未満の従業員が加入者で，年金資産の運用も従業員が手掛ける。離職するときには持ち運びもできる。年金給付でも一時金給付でも受け取れる。公務員や専業主婦は，企業型にも個人型にも入れない。退職給付前払い制度として利用されることもある。通称「日本版401k」と呼ばれる。

　個人型を実施する国民年金基金は自営業者や非給与所得者用の年金上乗せ制度である。平成3年（1991年）に創設され，都道府県別の地域型と職能型とがある。年金給付額を決定してから保険料掛金の拠出額を調整する給付建て年金である。加入は任意で，積立方式の運営になっている。

　厚生年金基金は，老齢厚生年金給付の一部を国に代わって支給できる特別な企業年金である。代行相当分の支給に備えて厚生年金保険料の一部を厚生年金の本体から外すことができる。これは2.4％〜5.0％と定められている免除保険料と呼ばれる。それぞれの基金内部で積み立てられているが，運用利回りが低下したり，積立が不十分であるなどの理由で，解散や代行返上に追い込まれた

基金も多い。

　共済年金に独自の上乗せ制度として職域相当部分がある。職域加算額は報酬比例部分の20％であるが，加入期間が20年未満の場合は10％相当額である。

　給付水準を調整するために発動する方式がマクロ経済スライドである。マクロ経済に特定の関連はない。今後に予定される人口要因の変化を考慮して調整する。

　公的年金加入者数の減少，及び65歳時平均余命の伸びを勘案して自動的な年金給付水準調整を行うものである。これによって少子化（公的年金加入者の減少）と高齢化（平均余命の伸び）の影響を組み込んだ調整が可能となる。他方で物価スライド制を機能させ，物価変動に合わせて毎年4月に，前年の消費者物価指数の変動率に等しいスライド率で完全に自動的に給付額調整がなされる。マクロ経済スライドを実施するときは，物価スライドを一時的に凍結させることになっている。

マクロ経済スライド率＝公的年金加入者数の減少率×平均余命の伸び率

　上式によるスライド率（減額率）は0.9％と見込まれている。この分だけ毎年，給付額が目減りしていく。因みに，公的年金加入者数の変動率は3年前の総数変動を3年平均して算定する。平均余命の伸び率は0.997で調整する。65歳時の平均余命の伸び率が0.3％であることによる。

　これらの調整を組み込んだ平成16年（2004年）の制度改革は，公的年金制度を大きく変えた。特に年金の給付水準は毎年賃金上昇率からマクロ経済スライド調整率を差し引いた率で減額される。厚生労働省のモデル・ケースでは，賃金上昇率2.1％からマクロ経済スライド率0.9％を差し引いた1.2％ずつ減額される。すでに給付額の裁定済みの既裁定年金も含めて20年間続く調整になる。想定されたケースが現実化すると，20年後は現在の給付額が17％減額されてしまう。更に，マクロ経済スライドの人口要因が想定以上の変動をすることも充分に起こり得るので，0.9％以上のスライド率になる可能性もある。その結果減額率が20％程度になることも想定される。国民の老後は崩壊の危機に脅かさ

れる。

(2) 医療保険

　国民皆保険制度により，日本は世界的な長寿国となり一般的伝染性疾患にも
強い保健医療水準を実現している。現在の日本の医療体制は第７－３図で示さ
れる。

第７－３図　我が国の医療提供体制の概要

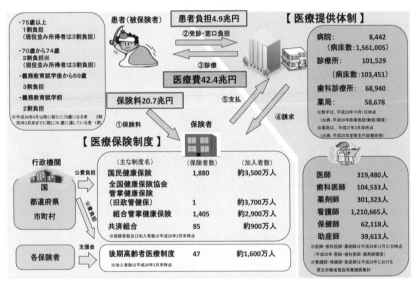

（出所）　http://www.mhlw.go.jp/stf/seisakunitsuite/bunya/kenkou_iryou/

　医療保険制度の中心は国民健康保険である。これは自営業，農業者，小規模
事業所の勤労者，無職者，居住者の外国人等が加入する医療保険である。国民
の約40％が加入している。市町村が保険者である市町村国民保険のほか，医師
などが同業者で組織する国民健康保険組合がある。市町村国保は高齢者が多く
加入している。全般的に加入者の所得水準は低く，保険料の滞納率も高いが，
市町村の医療費負担も大きく，基盤となる財政力は弱い。市町村財政にとって
巨額の支出が重い負担となっていたので将来動向を睨んで，2017年度に都道府

県の管轄に移管され市町村との連携事業になった。

　一般的に，健康保険は医療保険制度の中核である。主として民間企業に勤務する者とその家族を対象に怪我，病気，死亡，出産に関して給付を行う。大正11年（1922年）に制定され，昭和2年（1927年）に施行された日本初の社会保険である。主として中小企業の勤労者を対象に3,500万人の加入者を抱え，全国健康保険協会が保険者となる健康保険が全国健康保険協会管掌健康保険（「協会けんぽ」）である。他方，大企業の勤労者及び家族を対象にし，健康保険組合が保険者となる「組合管掌健康保険」は，1,431組織があり2,900万人の加入者を抱えている。

　医療保険制度を構成する制度として，後期高齢者医療制度がある。昭和58年（1983年）から75歳（寝たきり老人等は65歳）以上の医療費について全医療保険者間で財政調整を行う老人保健制度が施行されてきたが，平成20年（2008年）4月これに代わって後期高齢者医療制度が導入された。この制度は，都道府県を単位として全市町村が加入する広域連合が保険者となり，財源は公費50％（国25％，都道府県12.5％，市町村12.5％），現役世代からの支援金40％，加入者の保険料10％で賄う。保険料は応益割，応能割により算定し，低所得者には減額措置を適用し年金から天引き，あるいは直接徴収する。75歳以上の患者負担は医療費の10％，現役並み所得者は30％としている。医療保険の患者負担は70歳〜74歳20％，6歳〜69歳30％，6歳未満20％である。

　財源別の国民医療費の負担構造は，平成23年度時点で，保険料48.6％（非保険者28.4％，事業主20.2％），公費38.4％（国庫26.0％，地方12.4％），患者負担12.3％である。

　医療技術の進歩に伴い高額医療についても患者負担の軽減措置として高額療養費制度が設定されている。これは患者の一部負担が一定額を超えたときその超過額を医療保険から支給する制度である。保険者から交付された認定書を医療機関に提示すれば，高額療養費に関する自己負担限度額だけを支払えば済むので，差額が現物給付となる。保険外併用療養費（保険外診療部分）の差額部分，入院時食事療養費，入院時生活療養費は支給対象にならない。2008年度に創設

された高額介護合算療養費は同一所帯内で医療保険と介護保険の自己負担額の合計が一定額を超えた場合に，医療と介護の自己負担額の比率に応じて，それぞれの保険から超過額が支給される。モデル・ケースを図示したものが第7－4図である。

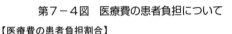

第7－4図　医療費の患者負担について

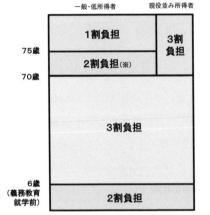

※ 平成20年4月から70歳以上75歳未満の窓口負担は1割に据え置かれていたが、平成26年4月以降新たに70歳になる被保険者等から段階的に2割となる。

（注）自己負担限度額は、被保険者の所得に応じ、一般・上位所得者・低所得者に分かれる。

（出所）　http://www.mhlw.go.jp/stf/seisakunitsuite/bunya/kenkou_iryou/

　医療保険制度の維持には，大きな財政支援が必要になっている。患者負担を漸進的に増やし，財政調整を繰り返して対応しているが，漸増して留まらない国民医療費の負担は非常に重く，国家財政の難題となっている。

　2006年の医療制度改革に基づいて，都道府県単位で医療費適正化計画が策定されている。計画によると，生活習慣病患者・予備軍を25％減らし，平均在院日数を4日～5日短縮することを目指している。特定健診・保健指導を強化し，療養病床の再編にも取り組んでいるが，財政圧迫を緩和するまでには至っていない。

　平成29年度予算ベースで医療保険の財源構成を見ると次図第7－5図のようになっている。

第7－5図　医療保険制度の財源構成

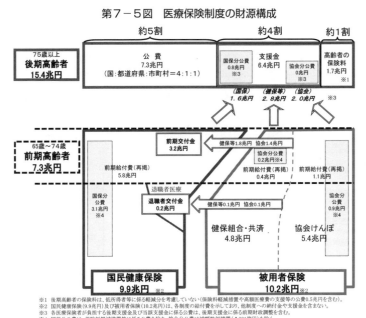

※1　後期高齢者の保険料は、低所得者等に係る軽減分を考慮していない（保険料軽減措置や高額医療費の支援等の公費0.5兆円を含む）。
※2　国民健康保険（9.9兆円）及び被用者保険（10.2兆円）は、各制度の給付費を示しており、他制度への納付金や支援金を含まない。
※3　各医療保険者が負担する後期支援金及び当該支援金に係る公費は、後期支援金に係る前期財政調整を含む。
※4　国保分公費は、保険料軽減措置等に係る公費を除き、協会分公費は減額特例措置（▲321億円）を除く。

各保険者の比較

	市町村国保	協会けんぽ	組合健保	共済組合	後期高齢者医療制度
保険者数（平成27年3月末）	1,716	1	1,409	85	47
加入者数（平成27年3月末）	3,303万人（1,981万世帯）	3,639万人 被保険者2,090万人 被扶養者1,549万人	2,913万人 被保険者1,564万人 被扶養者1,349万人	884万人 被保険者449万人 被扶養者439万人	1,577万人
加入者平均年齢（平成26年度）	51.5歳	36.7歳	34.4歳	33.2歳	82.3歳
64～74歳の割合（平成26年度）	37.8%	6.0%	3.0%	1.5%	2.4%（※1）
加入者一人当たり医療費（平成26年度）	33.3万円	16.7万円	14.9万円	15.2万円	93.2万円
加入者一人当たり平均所得（※2）（平成26年度）	86万円 ［一世帯当たり 144万円］	142万円（※3）［一世帯当たり 246万円］	207万円（※3）［一世帯当たり 384万円］	230万円（※3）［一世帯当たり 451万円］	83万円
加入者一人当たり平均保険料（平成26年度）（※4）＜事業主負担込＞	8.5万円 ［一世帯当たり 14.3万円］	10.7万円<21.5万円> 被保険者一人当たり [18.7万円<37.3万円>]	11.8万円<26.0万円> 被保険者一人当たり [22.0万円<48.3万円>]	13.9万円<27.7万円> 被保険者一人当たり [27.2万円<54.4万円>]	6.9万円
保険料負担率（※5）	9.9%	7.5%	5.7%	6.0%	8.3%
公費負担	給付費等の50%＋保険料軽減等	給付費の16.4%	後期高齢者支援金等の負担が重い保険者等への補助（※7）	なし	給付費等の約50%＋保険料軽減等
公費負担額（※6）（平成29年度予算ベース）	4兆2,879億円（国費3兆552億円）	1兆1,227億円（全額国費）	739億円（全額国費）	なし	7兆8,490億円（国費5兆382億円）

（※1）一定の障害の状態にある広域連合の認定を受けた者の割合である。
（※2）市町村国保及び後期高齢者医療制度については、「総所得金額（収入総額から必要経費、給与所得控除、公的年金等控除を差し引いたもの）及び山林所得金額」に「雑損失の繰越控除額」と「分離譲渡所得金額」を加えたものを年度平均加入者数で除したもの。（市町村国保は「国民健康保険実態調査」、後期高齢者医療制度は「後期高齢者医療制度被保険者実態調査」のそれぞれの前年所得を使用している。協会けんぽ、共済組合については、「標準報酬総額」から「給与所得控除額」に相当する額」を差し引いて計算した参考値である。
（※3）被保険者一人当たりの金額を示す。
（※4）加入者一人当たり保険料額は、市町村国保・後期高齢者医療制度は調定額ベースの保険料額、被用者保険は決算における保険料額を基に推計。保険料額に介護分は含まない。
（※5）保険料負担率は、加入者一人当たり平均保険料額を加入者一人当たり平均所得で除した額。
（※6）介護納付金及び特定保険者等に対する公費、補助金は含まれていない。
（※7）共済組合も補助対象となるが、平成23年度以降実績なし。

（出所）　http://www.mhlw.go.jp/stf/seisakunitsuite/bunya/kenkou_iryou/

市町村国保の概要と高齢者医療制度については第7－6図にまとめられている。

第7－6図　市町村国保の概要と高齢者医療制度

○ 市町村国保とは、他の医療保険に加入していない住民を被保険者とする、国民皆保険制度の基礎である。(1,716保険者)
○ 被保険者数：約3,200万人
・ 昭和30年代は農林水産業者、自営業者が中心 → 現在は非正規労働者や年金生活者等の無職者が7割を占める。
・ 平均年齢：51.9歳（平成27年9月末）
○ 保険料：全国平均で、一人当たり年額11.0万円（平成27年度）
・ 実際の保険料は、各市町村が医療費水準等を勘案して定めている。
※ また、各都道府県内の全市町村は、財政の安定化や医療費水準・保険料水準の平準化のため、医療費を共同で負担する事業（保険財政共同安定化事業）を実施している。

（平成29年度予算ベース）

財源構成

医療給付費 … 総額で約11.5兆円

○ うち、約3.8兆円は、被用者保険からの交付金
（65歳～74歳の医療費について、被用者保険も含め、保険者間で財政調整）

○ 残りの約8兆円について、
・ 公費50%、保険料50%を原則としつつ、
・ 更に、低所得者の保険料軽減措置への財政支援等として、
約8,900億円の公費を追加投入（→ 結果、公費は約60%）

（参考）
○「調整交付金」
・ 市町村間の財政力の不均衡を調整するためや、災害など地域的な特殊事情を考慮して交付
○「財政基盤強化策」
・ 高額な医療費（1件80万円超）や、低所得者が多い市町村国保への財政支援（高額医療費共同事業、保険者支援制度）
○「財政安定化支援事業」
・ 市町村国保財政の安定化、保険料平準化のため地方財政措置

医療給付費等総額：約11兆5,000億円

	国調整交付金(9%) 7,700億円	
財政安定化支援事業 1,000億円		前期高齢者交付金 3兆7,900億円
保険料 2兆9,200億円 うち「法定外一般会計繰入金」3,000億円	定率国庫負担(32%) 2兆3,400億円	
財政基盤強化策 4,300億円	都道府県調整交付金(約9%) 6,600億円	
保険料軽減制度 4,600億円		

保険料50%	公費50%

高齢者医療制度

・ 国と被用者保険の二本立てで国民皆保険を実現しているが、所得が高く医療費の低い現役世代は被用者保険に多く加入する一方、退職して所得が下がり医療費が高い高齢期になると国保に加入するといった構造的な課題がある。このため、高齢者医療を社会全体で支える観点に立って、75歳以上について現役世代からの支援金と公費で約9割を賄うとともに、65歳～74歳について保険者間の財政調整を行う仕組みを設けている。

・ 旧老人保健制度において「若人と高齢者の費用負担関係が不明確」といった批判があったことを踏まえ、75歳以上を対象とする制度を設け、世代間の負担の明確化等を図っている。

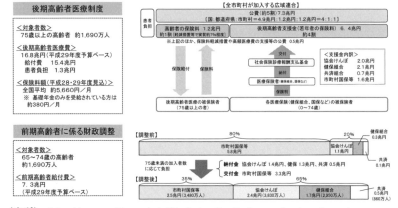

後期高齢者医療制度

＜対象者数＞
75歳以上の高齢者 約1,690万人

＜後期高齢者医療費＞
16.8兆円（平成29年度予算ベース）
給付費 15.4兆円
患者負担 1.3兆円

＜保険料額（平成28・29年度見込）＞
全国平均 約5,660円／月
※ 基礎年金のみを受給されている方は約380円／月

前期高齢者に係る財政調整

＜対象者数＞
65～74歳の高齢者 約1,690万人

＜前期高齢者給付費＞
7.3兆円
（平成29年度予算ベース）

（出所）http://www.mhlw.go.jp/stf/seisakunitsuite/bunya/kenkou_iryou/

　アメリカのような私的保険が中心の国では国民皆保険にシステム転換することは困難である。公的医療保険は高齢者向けと貧困層向けしかない。貧困層対象の公的保険に入るほど低所得でなく民間保険は高すぎるという狭間の無保険者が15％，4,600万人いる。無保険者救済のオバマ・ケアー政策はそのための富裕層への追加課税に財源を求め，10年間に1兆ドルの財政支出を計画したが，激しく抵抗されて実現できなかった。

(3) 雇用保険

　一般に，失業保険とも呼ばれている。この保険は，失業した時に，失職時の給与水準や雇用保険加入期間に応じて，一定期間，現金を給付する失業等給付（求職者給付，高齢者雇用継続給付，育児休業給付など）および失業の予防，職業訓練等を行う雇用安定事業，能力開発事業を展開している。公務員以外，労働者を雇用するすべての事業が適用事業である。ただし，農林水産業のうち労働者数5人未満の個人事業は任意適用になる。対象事業所では雇用労働者は強制的に被保険者になる。政府が保険者でハローワークが業務を担当する。雇用労働者と雇主が支払う保険料と国庫負担が財源である。失業給付のための雇用保険の保険料は，賃金総額の1.2％で，これは労使折半で負担される。雇用安定事業と能力開発事業のための財源として賃金総額0.3％を雇主の全額負担で供出している。したがって雇用保険の保険料は賃金総額の1.5％で，雇主0.9％，雇用労働者0.6％である。

　雇用保険は一般に，労働保険の一部である。別に，労働者災害補償保険（労災保険）がある。保険料の徴収は，雇用保険の保険料と労災保険の保険料とを一体として取り扱われている。

(4) 労災保険

　労災保険は，通勤災害や業務災害による労働者の負傷，疾病，障害，死亡に対して給付する制度である。適用事業は雇用保険と同様であるが，中小企業主・一人親方・海外派遣者等に特別加入制度を設けている。財源は保険料で政

府の負担はない。保険料は雇主の全額負担で，保険料は業種により0.3％から10.3％まで多様化している。この保険料は労働災害が多くなると増額されるメリット制が採用されているため，雇主は労働災害の根絶に努力しなければならない。

　失業者や生活困窮者は，住宅，教育，医療，福祉サービス等が劣悪化し，家庭崩壊，地域からの孤立など，いわゆる社会的排除に陥りやすい。このような状況にある人々を支援し，社会への再度の組み込みのための取り組みが拡大し，社会的包摂やワークフェアーが重要になっている。非正規雇用労働者や不安定な臨時労働者の急増にも社会的セーフティー・ネットが機能しなければならない。

　現行の労災保険給付は次の第7－7図でまとめられる。

第7-7図　労災保険給付等一覧

保険給付の種類		こういうときは	保険給付の内容	特別支給金の内容
療養（補償）給付		業務災害または通勤災害による傷病により療養するとき（労災病院や労災保険指定医療機関等で療養を受けるとき）	必要な療養の給付※	
		業務災害または通勤災害による傷病により療養するとき（労災病院や労災保険指定医療機関等以外で療養を受けるとき）	必要な療養の費用の支給※	
休業（補償）給付		業務災害または通勤災害による傷病の療養のため労働することができず、賃金を受けられないとき	休業4日目から、休業1日につき給付基礎日額の60％相当額	（休業特別支給金）休業4日目から、休業1日につき給付基礎日額の20％相当額
障害（補償）給付	障害（補償）年金	業務災害または通勤災害による傷病が治癒（症状固定）した後に障害等級第1級から第7級までに該当する障害が残ったとき	障害の程度に応じ、給付基礎日額の313日分から131日分の年金 第1級　313日分　第6級　156日分 第2級　277日分　第7級　131日分 第3級　245日分 第4級　213日分 第5級　184日分	（障害特別支給金）障害の程度に応じ、342万円から159万円までの一時金 （障害特別年金）障害の程度に応じ、算定基礎日額の313日分から131日分の年金
	障害（補償）一時金	業務災害または通勤災害による傷病が治癒（症状固定）した後に障害等級第8級から第14級までに該当する障害が残ったとき	障害の程度に応じ、給付基礎日額の503日分から56日分の一時金 第8級　503日分　第13級　101日分 第9級　391日分　第14級　56日分 第10級　302日分 第11級　223日分 第12級　156日分	（障害特別支給金）障害の程度に応じ、65万円から8万円までの一時金 （障害特別一時金）障害の程度に応じ、算定基礎日額の503日分から56日分の一時金
遺族（補償）給付	遺族（補償）年金	業務災害または通勤災害により死亡したとき	遺族の数等に応じ、給付基礎日額の245日分から153日分の年金 1人　　　153日分 2人　　　201日分 3人　　　223日分 4人以上　245日分	（遺族特別支給金）遺族の数にかかわらず、一律300万円 （遺族特別年金）遺族の数等に応じ、算定基礎日額の245日分から153日分の年金
	遺族（補償）一時金	(1) 遺族（補償）年金を受け得る遺族がないとき (2) 遺族（補償）年金を受けている人が失権し、かつ、他に遺族（補償）年金を受け得る人がない場合であって、すでに支給された年金の合計額が給付基礎日額の1000日分に満たないとき	給付基礎日額の1000日分の一時金（(2)の場合は、すでに支給した年金の合計額を差し引いた額）	（遺族特別支給金）遺族の数にかかわらず、一律300万円（(1)の場合のみ） （遺族特別一時金）算定基礎日額の1000日分の一時金（(2)の場合は、すでに支給した特別年金の合計額を差し引いた額）
葬祭料 葬祭給付		業務災害または通勤災害により死亡した人の葬祭を行うとき	315,000円に給付基礎日額の30日分を加えた額（その額が給付基礎日額の60日分に満たない場合は、給付基礎日額の60日分）	

※療養のため通院したときは、通院費が支給される場合があります。

（出所）　http://www.mhlw.go.jp/stf/seisakunitsuite/bunya/kenkou_iryou/

(5) 介護保険

　介護が必要な高齢者に介護サービスを提供する社会保険である。家族による介護が中心であったが，平成12年（2000年）4月から社会全体で支える制度として開始された。40歳以上の国民がすべて加入し，保険料と介護費用の10%を自己負担する。残りの90%を保険料と公費（税金）の財源で賄う。市町村など基礎自治体が保険者である。財源は保険料50%と公費50%で構成される。保険料の50%は65歳以上の者が毎月納める介護保険料である第1号保険料21%と40歳から64歳までの者が負担する毎月の第2号保険料29%で賄う。公費50%は国庫負担金20%と都道府県負担金12.5%，市町村負担金12.5%および調整交付金5%で賄う。

　介護保険の適用を受けるには要介護認定を受けなければならない。要介護と認定された人のうち，要支援1・2の人には日常生活上の支援を受けられる「予防給付」があり，要介護1～5の人には要介護度に応じた「介護給付」が与えられる。

　介護認定は，在宅もしくは施設入院者の被保険者が市町村の高齢者福祉担当部署に申請し，訪問調査→コンピュータによる一次判定→かかりつけ医師の意見書などを加えた介護認定審査会による第二次判定，を経て判定結果に応じた介護サービスを受けられる。「自立」判定により介護サービスが受けられない場合に，都道府県の介護保険審査会に不服申し立てができる。介護サービスには介護支援専門員（ケアマネージャー）が無料で作成する介護サービス計画に沿ってホームヘルパーが在宅で家事援助や身体介護を行うサービスと施設で行われるサービスとがある。施設サービスに関する介護サービス計画は施設で作成する。近年，在宅サービスや施設を利用するデイサービス（日帰り介護）が増えている。

　介護保険の被保険者は市町村の住民で，65歳以上が第1号被保険者，40歳以上64歳までの医療保険加入者は第2号被保険者となる。第1号被保険者は介護サービスの主な給付対象者になり，各市町村ごとに決められる介護保険料を負担する。多くは老齢基礎年金からの天引きで支払われる。第2号被保険者は16

種類の特定疾患，例えば初老期の認知症，脳血管系疾患，パーキンソン病，末期がんや関節リウマチなど老化による病気などが原因であるような介護状態の人が，介護サービスを受けられる。第2号介護保険料を毎月負担する。

介護保険給付費は平成12年度（2000年度）3.2兆円であったが，平成25年度（2013年度）には8.7兆円に増大し，65歳以上が負担する第1号介護保険料も月額全国平均で平成12年度2,911円から平成26年度4,972円へ増加した。

介護報酬は厚生労働省が定める介護保険サービスの公定価格である。社会保障審議会の答申を前提として決定する。地域による多少の価格差がある。例えばヘルパーによる1時間の自宅掃除の生活援助は3,000円前後である。このうち1割の300円が利用者の負担で，残り9割の2,700円が税金と介護保険加入者の納める介護保険料とで折半し1,350円ずつを負担する。

介護報酬は2001年度に制度発足後，社会保障費の2,200億円削減を定めた「骨太の方針」に従って，2.3％（2003年度），2.4％（2006年度）の2度の引下げがあり，介護士の低賃金構造を生み出した。その後，待遇改善要請を受けて2009年度には3％，2012年度2％の引上げがあり，「税と社会保障の一体改革」で介護報酬と診療報酬が同時に改定された。

要支援1・2の人と認定外の人の予防を一体化する新介護予防サービスが開始された。利用料は市町村が決定し，財源として用意された地域支援事業費は上限が介護給付費の3％以内と定められているが，現実としては2％分を利用する。

2012年から始まった新介護予防サービスに関連して，2007年に地域支援事業として開始された介護支援ボランティア制度を導入する自治体が増えている。65歳以上の人が高齢者施設で配膳の補助業務や話し相手になる仕事をすると自給100円程度のポイントを与える制度である。このポイントは地元商店で使える地域通貨になり，また介護保険料の負担軽減にもなる。高齢者が社会進出する機会を得て地域も活性化し，介護予防にもつながる。換金は介護保険が負担する。東京都稲城市で先行実施され，その後ボランティア登録者数は増大している。事務費用以上の介護予防効果が実現している。

平成21年度（2009年度）予算から社会保険費は「年金医療介護保険給付費」
と変更され，これ以外の経費は基本的に社会福祉費に統合整理された。

2　公 的 扶 助

　生活困窮者に対して国が健康で文化的な最低限度の生活を保障する制度であ
る。日本の社会保障制度では生活保護が公的扶助である。最後のセーフティ・
ネットとも言われる。財源は税で市町村が管轄する。申請者に対して資力調査
（means test）がなされ，国の定める保護基準に満たない場合に，基準までの
差額を支給する。生活扶助，住宅扶助，教育扶助，介護扶助，医療扶助，出産
扶助，生業扶助，葬祭扶助，の8種類がある。介護扶助，医療扶助が現物給付
であるが，その他は原則として金銭給付である。扶助をしながら自立を助成す
ることも目的としている。保護基準は生活保護法第8条に則して厚生労働大臣
が定める。平成26年度の基準は，例えば1級地の3人世帯（33歳男・29歳女・4
歳子）で月額155,840円である。2011年度には市町村の財政支出項目の第1位
になった。最近では，高齢者年金所得世帯の窮乏が深刻化し，若者世代のワー
キングプアー層も先進国の中では例のない非常に多い国になっている。最低賃
金制度も充分なセーフティ・ネットとは言えない低水準の法定最低賃金のまま
毎年の改定が伸び悩んでいるし，賃金上昇も順調に進んでいない。使用者側の
経営哲学が転換されなければ，公的扶助の財政負担は危機的水準まで高まるお
それがある。生活扶助基準の適正化や医療扶助の適正化も進めている。平成26
年度の生活保護の国庫負担は2兆8,823億円で前年度当初予算の2.1％増になっ
ている。

3　社 会 福 祉

　狭義の社会保障は社会福祉である。児童，高齢者，母子家庭，障害者などは
社会生活を営むために特別な援助を必要とするが，これらの人々が自立した通

常の社会生活を送れるように援助を行う制度である。いわゆるノーマライゼーション（normalization）を支援する制度である。

　平成26年度予算の社会福祉費は4兆4,480億円で前年度予算より15.2％増加した。障害保健福祉施策・少子化対策・子育て支援などを充実させている。

　OECDによる加盟各国の公的社会的支出のGDPに占める割合調査（2011年）報告では，日本は高齢者福祉分野の支出が多く，障害者福祉，家族福祉，住宅扶助などが少ない。高齢者の私的な社会的支出負担も多く，全般に，高齢社会の社会福祉は遅れている。高齢者の社会的支出として老齢年金，早期退職年金，介護サービスが調査項目である。家族扶助として，児童手当と融資，育児支援，育児休業支援，片親支援の項目があり，住宅扶助として住宅手当，賃貸住宅補助金がある。育児休業については政府が男性勤労者にも呼びかけているが，休業中の収入減少に対する有効な施策は何もない。近未来の切迫した課題として福祉の細部に至る充実が要請される。特に，拠出を前提とせず，資力調査もなく一定の要件に該当すれば公費から一定の給付がなされる制度を充実しなければならない。児童手当や児童扶養手当などがあるが，より広く多様な底辺をもつ社会手当が必要である。

4　保健医療・公衆衛生

　公衆衛生は，国民の健康維持のため国や地方公共団体が保健所を中心に感染症予防対策などをすることである。生活環境を整え，公害対策，自然保護を行うなど環境衛生も含まれる。平成26年度予算の保健衛生対策費は4,093億円で前年度比15.6％増になっている。MARSなどの新型感染症も韓国まで浸潤している。激烈な感染症の蔓延防止も緊急化している。肝炎対策基本法を踏まえた総合的な肝炎対策のため，肝炎ウィルス検査も重点施策とされている。難病対策や特殊疾患対策も対象疾患の大幅な拡大を図らなければならない。医療提供体制基盤整備については，救命救急センターやドクターヘリ，周産期医療対策が充実すること，また，がん対策も検診推進事業の強化が必要である。

2020年のCOVID 19災禍は，感染症対応の脆弱体質を露呈させた。ウィルス変異に対抗できる隔離体制と医療崩壊防止対策の確立を急がなければならない。

5　社会保障制度の課題

　社会保障制度は少子・高齢化の急拡大とともに給付と負担が増大している。将来にわたり持続可能な効率的で安定的な制度構築が要請される。この制度の給付総額は社会保障給付費でつかめるが，平成26年度予算ベースで115.2兆円，名目GDP比23.0％になっている。年金56兆円，医療37兆円，福祉その他22.2兆円である。一般会計の31.8％，基礎的財政収支対象経費の42％に当たる。

　主要経費別の推移を第7－8表にまとめてみると，社会保険費の上昇が激しく，社会保障制度の経費総額の74％を占めている。

第7－8表　社会保障の主要経費別推移

	社会保険費	生活保護費	社会福祉費	失業対策費	保健衛生対策費
平成26年度	73.9%	9.6%	14.6%	0.6%	1.3%
25年度	75.1%	9.8%	13.3%	0.7%	1.2%
12年度	65.3%	7.3%	21.8%	2.3%	3.2%
2年度	61.9%	9.5%	20.7%	3.0%	4.8%

（出所）　http://www.mhlw.go.jp/stf/seisakunituite/bunya/kenkou_iryou/

　社会保障の充実と財政健全化とを同時に実現するために，政府は「社会保障と税の一体改革」を推進し，社会保障と税の一体改革関連法が平成24年8月に成立した。25年8月には改革骨子が閣議決定されている。そこで打ち出された方向性が21世紀型日本モデルである。そのモデルでは，年金，医療，介護の前提として現役世代の雇用や子育て支援，低所得者・格差問題，住まいの問題も社会保障として課題にされている。また，高齢者世代に偏りがちな社会保障給付を切れ目のない全世代を対象とする社会保障へ転換する必要を認識した。また，世代間と世代内の公平をともに図りながら，負担能力別の社会保障財源への貢献を提唱している。平成28年1月から利用できる社会保障税番号制度によ

り資産を含めた負担能力に相応な負担に切り替える転換が始まる。

　しかし，このような転換も社会保障制度の課題を解消するものにはならない。急速に膨張する公的支出と税収不足の２重苦構造は，他方の税制改正に消費増税以外の抜本的転換を用意しなければ容易に克服できるものとはならないからである。資産課税の増税も視野に入れなければならない。

【参考文献】

・　可部哲生編著『日本の財政』東洋経済新報社，2014年。
・　市川健太『[図説] 日本の財政』2013年版。
・　内山昭『財政とは何か』税務経理協会，平成26年。

第8章 公　　　債

1　公債とは（public bond, public debt, öffentliche Schuld, dette publique）

　国（中央政府），地方公共団体，公社，公団，公庫が，その債務の見返りに発行する証券が公債である。それぞれ国債，地方債，公社債，公団債，公庫債と呼ぶ。公社債，公団債，公庫債は政府保証の貨幣的債務であり，公債はすべて各種レベルの政府の徴税権によって，元本と利子支払いが保証されているので，資産としての安全性は高い。租税の担保する債券である。

　いろいろな種類の公債を各種観点から分類できる。発行主体別に国債，地方債，公社債，公団債，公庫債などがあり，償還期限の長さにより一年未満のものが短期債，一年以上が長期債である。短期債は浮動公債（floating debt）と呼ばれ，財政の資金繰りが主要目的で，代表格が政府短期証券（treasury bill）である。食糧証券，大蔵省証券，外為証券が発行されている。期間数年の長期債を中期債として区別することもある。世界的には期間5年以下が短期債で，5年以上が長期債である。イギリスやフランスで大量発行されたコンソル公債は，期間の定めがなく，無期に利子だけを支払う永久債である。

　金利の変動やインフレーションによって，公債の利子負担が増大する傾向があるので近年は期間が短期化しているが，短期債は流動性が高く，貨幣に近いので経済にインフレ昂進を与えやすい。

　募集地による内債と外債，応募特性による強制公債・任意公債，利払方法による割引公債・利付公債・割増金付公債の区分がある。また公共事業等の建設的目的をもつ建設公債，法律上では厳しく制限されている一般財政不足を補う

ための赤字補塡公債などの分類がある。建設公債の原則が建て前である。

　戦前期に戦費調達のための膨大な赤字国債の発行によりハイパー・インフレーションが起こったことに学び，1947年制定の財政法第４条では赤字公債は禁じられていた。1965年不況の折に特別立法で財政法４条の臨時特別措置として赤字公債（特例公債）を発行してからは，この４条規定は形骸化し，1974年以後，不況期のたびに累積的な赤字国債残高を更新している。現在では，1,200兆円に迫る累積赤字国債による財政圧迫と財政硬直化は比類のない深刻度に達している。なお，短期国債，一時借入金は財政法７条によって認められている。

　公債は，市場性（marketability）による分類もある。市場で自由に販売可能な市場性公債，販売できない非市場性公債，販売が制限される制限市場性公債である。市場性によって公債価格は需給にしたがって自由変動する。各種の貯蓄公債，交付公債等は非市場性をもっている。一定期間後に元本と利子が償還される制限公債は価格の安定と維持という観点で公債管理上の必要性から売買が制限される。1965年以後，建設公債については金融機関が売却しない旨の暗黙裡の合意があり，発行後１年経過の公債は日本銀行のオペレーションの対象になって，1977年まで慣行として継続された。

2　公債の発行方式（issue of bond）

　公債の発行方法として，公募，私募，交付，中央銀行引き受けなどがある。長期国債は，発行額の10％を証券会社が引き受けて個人に販売し，90％を金融機関等で受け入れていたが現在ではほとんど公募発行がとられている。利率，発行価格などは市場の実勢に関わりなく決定されている。

　一般金融市場で応募者を求める発行方式が公募発行である。発行主体が直接公募する場合が直接発行で，金融機関等に委託する公募が間接発行である。間接発行の場合に売れ残りの危険負担を発行主体が負う委託発行と，金融機関等が負う請負発行がある。一般には証券業者，銀行等がシンジケート団を組織して公募入札に応じる。市中への売却はシンジケート団に任される。協議引き受

け方式もあり，シンジケート団と発行主体とが発行額や発行条件を協議し，その協議に則してシンジケート団は公債を消化売却する。アメリカの地方債は競争入札方式を義務づける場合が多い。日本では地方債は私募債，国債は協議引き受けが多い。

　私募（privately-placed）方式は特定の金融機関，機関投資家を対象に発行する方法である。縁故募集とも呼ぶ。日本の地方債のうち東京都，大阪府，など市場性のある地方債は例外として，その他の地方債は概ね非公募債であり，私募債，縁故債である。公募方式よりも手数や経費を節約できる。

　交付公債は，買収，報償，補償などの目的で現金支給ではなく公債証書を交付する方式である。交付公債は歳入増加にはならない。財政法の制約外にあるため交付公債の発行は少なくない。歴史的には明治政府による旧華族・旧士族への秩禄公債（米支給）や金禄公債（現金支給）がよく知られている。

　中央銀行引き受け発行は，日本銀行が公債を一括買い取りし，金融情勢を見ながら市中売却する方法である。直接貨幣発行量の増加になるので，財政資金調達のための通貨発行と変わらない。この方式は1932年高橋是清蔵相によって初めて採用され，不況対策として効果的だったがインフレーション基調を創るので戦後，財政法は原則としてこの発行方式を禁止している（公債の市中消化原則）。政府系金融機関や資金運用部などの引き受けは貨幣発行量を増やさないので利用されている。公債の発行可能限度については財政法第4条が公共事業，出資金，貸付金の範囲に限定し，毎年度の発行額を予算総則で規定する額の範囲としている。

　国家経費を膨大な公債に頼る国家は公債国家（Schuldnerstaat）であり，租税国家→公債債務国家→企業国家（社会主義国家）という発展過程を主唱するR.ゴルトシャイト，H. ズルタン，H. イェヒト（Jecht）らの財政社会学者もいる。近年のNPM（New Public Management）の方向性と一脈通じる所説である。

3 公債の償還（redemption of bond）

　公債の元本は，公債の期限時点で返済される。これが公債の償還である。日本では一般的に，償還のための減債基金（sinking fund）制度を採用している。これは財政法44条に規定されている資金で，国債整理基金の名で設置されている。基金へは一般会計および特別会計から繰り入れがなされ，これを財源に公債償還を行う。償還に必要な全額が基金として準備されることは困難で，借換債の発行にも頼っている。一般会計の決算上発生する可能性のある決算剰余金の半分程度を翌々年度の償還に充てるように国債整理基金特別会計に組み入れることもしている。このシステムは1906年（明治39年）に始まり，紆余曲折を経て今日に至っている。

　公債の償還時期が一時期に集中しないように，満期日が多様な公債の発行を工夫するシステムがシリアル・ボンド・システム（serial bond system）である。2003年（平成15年）2月から，発行済み国債を償還前に買い戻して償却する買入償却も実施されている。

　現行の減債基金システムを図解すれば第8-1図のように示せる。

第8-1図　減債基金システム

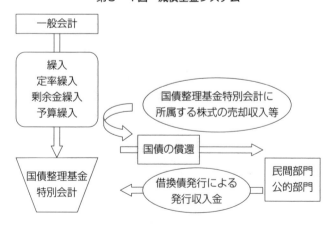

　公債の償還金は，公債整理基金からの現金と借換債発行による収入金が充てられる。この場合60年償還ルールが決定されている。今10年債を新規に発行するとき，これを60年で現金償還するために，10年後の満期に償還される公債の1／6が一般財源から償還され，残額について借換債が発行される。これを繰り返して，発行後60年で償還が完了する。建設公債の場合，取得資産の耐用年数が概ね60年と見積もられたので，後世代にも負担させる趣旨で設定された。現在では特例公債にもこれが適用されている。

4　公債の破棄と破産

　ロシア革命後，革命政府は帝政ロシア時代の国債の無効宣言を行った。これは公債の破棄（repudiation of bond）である。事例は少ないが，近年ではアルゼンチンのデフォルト宣言のような破産（bankruptcy）もある。特に地方債レベルでは，アメリカ・デトロイト市や夕張市のような債務不履行に陥る破産都市も珍しくはなく，アメリカ合衆国のように地方自治体破産法（Municipal Bankruptcy Act）を規定している国もある。ハイパー・インフレーションは公債の実質価値を急減させるので，事実上の公債の破棄に相当する。

5　公債管理（debt management）

　一般に公債管理は，景気対応や財政負担軽減を主要目的として，公債発行市場，公債流通市場で各種の公債を管理し，期限別，所有者別の構成を変えて公債が経済社会に与える諸影響を調整することである。具体的には，新規公債発行の公債種類，発行条件，借換債発行の諸条件の決定，公開市場操作に用いる公債の決定などである。このような決定は，流動性，金利体系，金利水準に影響し，マクロ経済全域にわたる経済動向を導出し得る。これまでの日本には，統一的な公債管理政策と呼べるものはなかった。多様な目的をもつと公債管理はジレンマに陥ることが多く，不確実性も大きいので整合的な管理政策をとり

にくい困難性もある。

新規公債発行管理と既発債管理とに分けて検討しよう。

(1) 新規公債発行管理

新規の公債による借り入れに，内国債か外債かどちらを利用するかという問題がある。先進主要国の公債は概ね内国債であるが，発展途上国では国内の貯蓄が脆弱で金融市場も未発達であるため，必要資金の国内調達は難しい。外債は途上国の輸出潜在力に依存することが多く，外国資金の借り入れについても厳しい条件を課され，干渉を招く場合がある。国際金融機関のIMFや世界銀行からの借り入れには限度額や融資条件に大きな制約があるので，外債への依存は重要性が高い。

日本でも日露戦争の戦費調達，1923年（大正12年）の関東大震災からの復興資金を外債の発行で得ている。戦後は歳出を公債・借入金に頼らない財源で行う原則を保持したが，1958年（昭和33年）には産業投資特別会計から外貨建て国債が発行され，その後外貨建て地方自治体債も発行されている。

公債発行については，経済安定化と利子・発行費用最小化の二つの目的を抱えて調整がなされる。景気安定化を目指す不況対策としては，不況時の短期債の発行が望ましい。不況期には投資家が資金の固定化を嫌う傾向があり，長期債の消化が難しい。利子率に上昇期待があると将来の公債価格が下落する。人々は損失回避の観点から現金や短期債のような流動性の高い資産の保有に走るので，不況で資金需要が減少し金融緩和があっても長期債は買われない。逆に，利子率の将来下落が期待される場合は長期債が選好される。

公債消化の難易という観点から，不況期に短期債を発行し，好況期，特に，将来の利子率下落が期待される景気のピークで長期債を発行することが望ましい。しかし，低金利期に短期債，高金利期に長期債を発行することになると利子負担は高まる。反循環型（counter-cyclical）の公債管理政策と利子負担最小化型の公債管理政策はトレード・オフになる。利子等の公債コスト軽減のためには低金利期の長期債と高金利期の短期債の組み合わせが望ましいからである。

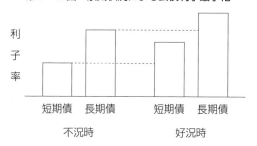

第8-2図　景気状況による公債利子最小化

第8-2図に示したように，好況時には全体としての利子率水準が上昇し，不況時には利子率水準が低下する。不況時に相対的に利子費用の高い長期債を発行し，長期資金を確保しておくことが利子等費用最小化行動になる。

公債発行期の経済環境がインフレーション基調をもっていると，確定利付き証券としての公債は実質価値が減価し利子率水準も魅力のない水準になるため購入は躊躇される。このような場合は，インデックス債（index bond）が有利である。これは物価指数を基礎に実質価値を保障する債券であるが，持続的インフレーションの時期にインデックス債への偏重が起こり債券市場は混乱する可能性がある。またインフレーション容認からインフレーションの激化を招く恐れもある。利子率の伸縮的な動きを保障すれば足りるので，変動利付公債でも済む。インデックス債は貯蓄公債として適していると考えられる。

公債の発行条件は，利子率と発行価格である。競争入札制発行の場合も，協議引き受け発行制の場合も原則として資金需給実勢は反映される。発行条件が市場実勢を下回って設定されると，任意消化は難しく強制的割当消化にならざるを得ない。戦後の日本では，このケースの発行が多くシンジケート団に割当消化された。逆に市場実勢を上回る発行条件を設定する場合は個人消化が促進される。貯蓄公債は高金利で発行されることが多い。

公債消化を円滑化し発行コストを低く抑えるため，公債利子に税制上の優遇措置を設ける場合がある。この時，一方では利子所得課税が減免されて所得税収は減じてしまうので，全体的な財政について発行コストの低減になるかどう

かは一義的には決まらない。免税措置を一定保有額内に限定してtax lossを増大させない方法も有効である。これらの措置で発生する分配効果は高所得層に有利に作用する。低所得層の債券保有が少ないからである。

(2) 既発債管理

既発債については，短期債の長期借換え，長期債の短期借換えを行って満期構成の変化，満期債の借換えや価格安定などが管理目標になる。政府の金融政策と密接に関連する。

既発債の満期構成は中途償還や中途借換えをしなければ，新規発行によって規定されてしまうので，満期構成変化は借換えを通じて行う。民間保有の公債残高構成は中央銀行の公開市場操作でも影響させ得る。ツイスト・オペレーション（twist operation）によって，短期債を購入して長期債を売却すると市中にある公債残高の満期構成を長期化できる。逆のオペレーションで市中の長期債を短期債で入れ替えると，市中の満期構成は短期化できる。

利子費用最小化原則にしたがって，浮動公債以外は長期債で処理する場合は満期構成の変更は不要である。古典派経済学の主張である。

公債の満期構成変更によって公債管理政策は景気安定化政策としても利用できる。公債残高の満期構成を短期化すると公債の流動性が高まり，支出刺激作用がある。逆に公債残高の満期構成を長期化すると公債の流動性は低下し，支出抑制作用がある。公債のラーナー効果（富効果）[1]もこのような変更で消費に影響する。好況期の短期債買い，長期債売りのツイスト・オペレーションは他方で公債費の増大を引き起こす。利子等公債費用最小化原則にしたがえば，順循環的に，好況期に利子率の低い短期債を購入し，不況期に利子率の高い長期債を購入して満期構成を変える方法もある。この場合には景気安定政策としては利用できなくなる。

理論的に費用最小化の最適満期構成（optimal maturity structure）を志向すべきであるという主張もあるが，最適構成を定立することにも困難がある。公債残高のいろいろな効果は，マネー・ストックの諸影響も含有させていて分離不

可能である。満期構成の行き過ぎた偏向は避けた方がよいと考えられる。

　公債保有者は公債を自由に売買できるので，公債価格は需給に対応して変動する。公債価格が大幅に変化し，下落すると公債発行や公債借換えは難渋する。発行条件の緩和や公債費の負担増が必要になる。公債管理の重要課題は公債価格支持になる。公債の大量発行や金融逼迫があると公債価格は下落する。

　政府・中央銀行が公債を無制限に買い支え，公債価格の維持を図る。これが公債価格支持政策である。金利が上昇する好況期に価格支持を行う傾向があるが，市場への資金供給となるので，好況期の引き締め政策と逆行する。公債価格支持政策のもとでは金融政策は財政従属性をもちインフレ・ギャップが発生しても対応が難しくなる。

　第二次世界大戦の戦費調達のために，アメリカは貯蓄公債を大量に発行した。巨額の公債債務残高が保有された。戦後，消費の急増があり1947年，1950〜51年にインフレ圧力に悩むことになった。インフレーション対策の金融引き締め政策を採用すると公債価格が低下して公債費負担が重くなるため，財政当局は反対し，金融政策の発動が見送られた。1951年には財務省とFRBとの間に合意（Accord）が成立して公債価格支持政策は放棄され公債発行も抑制されて徐々に過剰流動性が減少した。このとき利用された理論がアヴェイラビリティ学説（availability doctrine）である。

　金融政策の影響チャンネルは金利変動が資金の利用可能性（availability），とりわけ資金供給者の貸出意欲や貸出能力に大きく影響して資金供給の増減が発生するところにある。金利変動に敏感な投資家達が公債を大量に抱えていても，金利の微細な変化が資金のアヴェイラビリティに大きな影響を与え，公債価格の変化がなくても金融政策の効果をあげられると主張する学説である。

　すなわち，金利上昇とともに債券価格は下落し，人々の手許流動性は減少して支出は抑制される。このポートフォリオ効果（portfolio effect）の作用は支出抑制に向かう。また債券価格の下落は資金供給者の流動資産価値の減少を招き，貸し出しを抑制する流動性効果（liquidity effect）がある。最も大切な効果は凍結効果（freeze-in effect）である。金融機関の余裕資金がないとき，貸出資金を

得るには手持ち有価証券を売却しなければならないが，金利上昇による債券価格の下落でキャピタル・ロスが発生する。そのため手持ちの公債は封じ込められて凍結され，貸出増加を防止する。金融引き締め政策により各種金利が上昇すると資金調達コストは増大するが貸出金利は追随型になり金利格差が発生して貸出は抑制される。金利格差効果（yield differential effect）が働く。さらに将来の金利水準は予測が難しくなり，貸出は抑制される結果となり，このような期待効果（anticipation effect）も認められる。公債価格を自由変動させても大幅な変動にならなければ公債価格支持政策は必要ではない。金融引き締め政策により金利を微細に動かせば引き締め効果は出てくると主張された。

　金利が上昇する好況期には貸出金利も同調する傾向をもつ。公債価格が低下して売却時に発生するキャピタル・ロスをカバーする可能性がある。したがって，金融機関は貸出を膨張させることが有利になる環境もある。アメリカの経験はアヴェイラビリティ理論の強力な反証になったが，公債残高の急減と共に理論的決着は先送りされている。

　公債の値崩れを防ぐには公債を市場から隔離して公債の市場性を制限する方法もある。非市場性公債の発行は金融引締期の公債価格下落を防止するためでもある。日本銀行によるオペレーションも一種の公債価格支持政策である。西ドイツ時代に発行された非譲渡性債務証書もこの種の政策である。

　マネー・ストックの増大なしに公債の価格下落を防ぐ方法として，公債準備制度がある。金融機関に対して預金または資産の一定比率を公債で保有することを義務づける制度である。伸縮的な法定準備率を用いる伸縮的準備制と固定的準備制がある。これも公債の一部を市場から隔離することで公債価格を維持しながら金融引締め効果を得ようとする制度である。公債への依存を助長し金融機関だけの行動制約になることが問題である。

　法定準備率を引き上げると同時に中央銀行が公債の買いオペレーションを実行すれば，金融緩和せずに公債価格低下を抑制できる。特段の手段がなくても金融政策を適宜組み合わせて公債価格維持を図ることは可能である。投機的諸力によって公債価格が下落することもある。公債期限が長期のものほど影響を

受けやすい。長期債は満期まで保有してキャピタル・ロスを回避することが一般的ではない公債であり，短期債はそれができる債券だからである。

6　公債の負担（burden of debt）

公債の負担については，学説的な相違が解消されていない。かつてロンドン学派の論客であったロシア生まれのAbba Ptachya Lernerはアメリカ・ケインジアンとして財政論を展開し，新正統派（new orthodoxy）と呼ばれる学派を主導している[2]。この学派の主張では，公債は借金であり，域外債の発行は将来世代に負担が転嫁される。特に外債発行については妥当する。但し，発行主体が域外から輸入（移入）して域内の生産を活性化できる場合は，外債の負担である国内資源流出が海外資源流入で補填されることになり，正味効果がプラスになる場合もある。域内債は域内の利用可能資源量を変化させないので，課税と公債とを同一視できる。公債の元利償還は同じ地域の住民間の納税者から公債保有者への所得移転に過ぎない。また償還のための課税は，将来世代内の納税者から公債保有者への所得再分配であり，内国債の場合は負担の転嫁はない[3]。

J. M. ブキャナンらのヴァージニア学派は反ケインズの哲学的論陣から，この負担論に反対する。公債が市中消化される場合に，個人は公債保有の自由を得ているので，個人の負担は発生しない。公債発行による負担は，元利金支払いのために徴税されねばならない将来世代の納税者が強制的に負わされることになる。公債の負担は将来世代に転嫁される[4]。

さらに，William Gordon Bowen, Richard G. Davis, David H. Kopfらはブキャナンの所説を継承発展させ，公債発行時の次世代のときに公債償還がなされると，将来世代の生涯消費量が減少し，負担は転嫁されると主張した[5]。

単純化して，第Ⅰ世代と若い第Ⅱ世代だけの世代重複モデルを想定する。第Ⅱ世代が生産活動に従事するとき，第Ⅰ世代は引退して過去の蓄積で生活すると仮定する。第Ⅰ世代の活動期に公債が発行され，第Ⅰ世代の貯蓄の一部が公

債で保有される。第Ⅰ世代が引退後の生活に保有公債を売却して消費に充てるとすれば，第Ⅰ世代の生涯消費量は公債発行の影響を受けない。第Ⅱ世代の活動期に公債が償還されると第Ⅱ世代は公債元本の償還のための税負担を強制される。第Ⅱ世代は第Ⅰ世代から購入した公債元本の償還を受けるが税負担はそのまま残される。したがって公債の負担は後世代に転嫁されてしまう。この主張は，ボーエン＝デーヴィス＝コップ理論と呼ばれている。

更に，公債負担の後世代への転嫁説を展開するモディリアーニ理論がある[6]。

財政支出を所与として，税収と利子率との適正水準によって政策当局は完全雇用を実現できる。今，均衡において税収一定のもとで，財政支出を増やすと政府赤字が発生する。これを公債発行（ΔD）で賄うとすれば民間投資の同量の減少（ΔI）が必要である。税額一定で可処分所得が変わらなければ消費は変化しないからである。資本の限界生産力 r は市場利子率に等しい。公債発行によって民間投資の減少が喪失させる所得は$r\Delta I$である。これは当然$r\Delta D$と等しい。後世代は，当然得られたはずの所得を公債発行によって喪失するので，その分の負担を転嫁されたと考えることができる。つまり，完全雇用均衡のもとで公債が発行されると，それによる投資すなわち資本蓄積量の減少は生産力を減少させるので将来へ負担を転嫁させることになる。

公債の転嫁論は古典学派のA. スミスやJ. S. ミルの論考にも存在する。公債の発行と増税とが選択肢になっているときに，公債発行を選ぶことは公債償還時に増税して償還財源を確保することであり，現代の国民が将来の国民に負担を転嫁していることになる。また公債は本来生産的用途のための投資を民間貯蓄から吸い上げて公務員給与などの非生産的公共消費に転換するので，将来世代の生産力が減少され，結局，負担は転嫁されるという主張である。

政府が公債D量で資金調達すると，所得Yは消費Cと貯蓄Sで成り立っているので，$Y = C + (S - D)$ となる。例えばYが100兆円でDが10兆円であれば，公債は貯蓄から賄われるので限界消費性向を0.8とし，投資に回される貯蓄10兆円が残される。

これを課税 T で必要な資金調達を行うと$Y - T = C + S$, $C = 0.8(Y - T)$

となり消費も貯蓄も90兆円からなされることになる。したがって消費は72兆円，貯蓄は18兆円となり，投資に回される貯蓄は18兆円が残される。投資は公債発行のケースに比べて8兆円多くなり，将来の生産力を減らす割合は課税による方が少なくなる。要するに，公債発行は元利を徴税される将来負担になり，将来の生産力を減少させて負担を後世代に転嫁する。

　同じくイギリス古典学派のD. リカードは，等価定理を展開して，租税も公債も差異はないと主張し，近年の合理的期待学派のR. J. Barroもリカードの等価定理を現代的にアレンジし，租税と公債の中立命題を主張している[7]。

　人々は将来の増税を見込んで消費行動を計画すると想定する。現在消費を切り詰めて貯蓄を増加させる。消費減少により限界消費性向が0.72になれば貯蓄は8兆円増加し，課税による事例と差異がなくなる。公債の将来世代への負担の転嫁も生じない。等価定理（Ricardian Equivalence Theorem）というときには，現在の租税負担額と公債償還時点の租税負担額の現在割引価値が等価であることを意味する。将来財の価値は時間選好率で割り引かれて，現在財よりも低い価値しか持たない。差異がないことを強調するときには，リカードの中立命題と呼んでいる。

　合理的期待形成を前提にすると，人々は公債発行に対して将来時点での増税を完全に見越すことができる。公債償還が二つの世代に跨っていても，第Ⅰ世代が第Ⅱ世代のために遺産を残し，世代間を縦断する消費行動をすれば，公債の負担は公債発行時の人々の負担となって，後世代への負担転嫁は発生しない。

　租税と公債発行は経済効果が等しい。なお，この中立命題が成立する条件として，一括固定税（定額税）のように租税体系が民間経済活動をゆがめない性質のものであり，消費者は自由に借入れや貯蓄が可能で流動性制約から解放されていることが必要となる。

7　公債の経済効果

　公債発行によって調達された行政資金は，財政支出の増大や減税を可能にす

るので，所得創出効果がある。しかし，所得創出効果は一時的で一過性の効果に過ぎない。他方，金融資産である公債残高の膨張は，人々の富保有を高め，支出を刺激する効果をもつ。これを公債残高効果という。

　しかし，公債は資産であるとともに債務であるから，資産効果と債務増加による負の効果にも注目しなければならない。人々は財政錯覚に陥りやすい。

　租税というコストを等閑視して極大便益を求めすぎる傾向がある。アメリカのケネディー大統領は1961年の就任演説で「アメリカが何をしてくれるのかを問うのではなく，我々がアメリカのために何ができるかを今は問うてほしい」と訴えた。

8　公債依存度

　一般会計の歳入がどのくらい公債金収入に占められているかで公債依存度を測っている。1965年の補正予算において長期公債が発行されて以来，公債に頼る歳入が継続している。1978年度（昭和53年度）には危機的ラインといわれる30％を超えた。この数値そのものは根拠が明白ではなく，発行額の歯止めが必要とされている。金利変動が自動的な歯止めになることが理想であるが，日本ではこのメカニズムは機能していない。

　第8－3図に見るように，公債依存度はすでに40％を超えて53％を記録した年もある。しかもその80％以上が特例公債である。2018年度は34.5％であったが，COVID 19感染症災禍による財政出動が，依存度を急増させることは確実である。財政債務が膨張することには大きな危機感を抱かなければならない。

第8-3図 公債依存度の推移

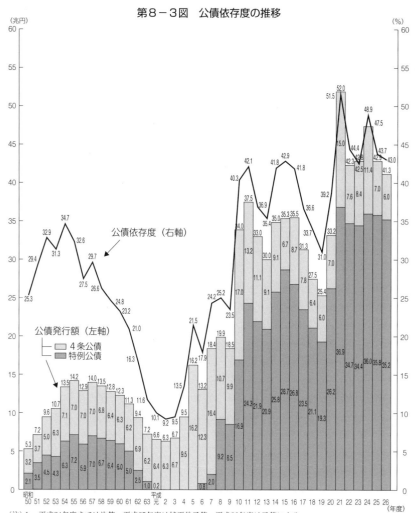

(注) 1 平成24年度までは決算, 平成25年度は補正後予算, 平成26年度は予算による.
 2 公債発行額は, 平成2年度は湾岸地域における平和回復活動を支援する財源を調達するための臨時特別公債, 平成6~8年度は消費税3%から5%への引上げに先行して行った減税による租税収入の減少を補うための減税特例公債, 平成23年度は東日本大震災からの復興のために実施する施策の財源を調達するための復興債, 平成24年度, 25年度は基礎年金国庫負担2分の1を実現する財源を調達するための年金特例公債を除いている.
 3 公債依存度(公債発行額を歳出額で除して算出)については, 特別税の創設等によって償還財源が別途確保されている. いわゆる「つなぎ公債」を除いて算出.
 4 平成23年度の公債依存度については, 平静24年度以降に東日本大震災復興特別会計において経理され, 一般会計歳出総額に含まれない復興関連支出を含めて算出. 仮に, 復興関連支出を全額一般会計歳出総額から除いた場合の平成23年度の公債依存度は46.7%.

(出所) 可部哲生編著『日本の財政』平成26年度版, 東洋経済新報社, 2014年, 9頁.

重商主義国家では課税受容性が低いので，公債依存度は高くならざるを得ない。公債は資本蓄積の梃として役割を演じた。しかし，自由放任主義のもとでは公債は国家理念と相容れないものとなり，公債依存は嫌忌された。帝国主義国家になると国家経費膨張の法則が示すような財政状況となり，租税については救貧や産業政策的観点から増税が困難となり，公債依存は避けられないものになった。特に戦費調達には巨額の公債発行が必要になった。

　大恐慌以後は不況対策として公債収入が頼りとなって，有効需要の増大をめざす財政政策の資金源となった。借換えや償還を利用して資金量や利子率の操作を行う公債管理政策も重視された。

　このような紆余曲折を経て，現代国家はどの国を見ても巨額の累積債務に悩まされている。均衡財政主義は現実味を失っているし，社会福祉の進展は更に多くの財政資金を必要としている。公債に依存できる余地はあまり残されてはいない。身を切る増税に訴える他はない。

　公債依存度が増大すると，歳入の多くが債務処理に回らざるを得なくなり，いわゆる財政硬直化に制約される。新規の行政施策は実施が困難になり，国民生活は疲弊していく。有機的国家観のもとに理想の福祉国家を求める時代は静かに幕を下ろしつつある。大きな政府は打ち止めである。

　しかし，国家がなさなければならない緊急時対応には債務の増加など斟酌する余地はないし，必要でもない。貨幣大権という最大の独占権をもっているのであるから，資金繰りに拘らず大規模施策を展開しなければならない。

【注】
(1)　新規の公債発行は公債残高が累積していても，完全雇用を達成することができる。公債発行が市中消化でなされると，民間投資がクラウディングアウトされ抑制され利子率は上昇する。他方，公債購入者は利息をもたらす資産が増えるのでその分消費を増やす（ラーナー効果）。消費関数は上方シフトし公債の均衡水準も達成され，それ以上の赤字なしに完全雇用となる。
　　　標準的なIS-LM分析で説明しよう。新規の公債発行があると，財市場で消費がラーナー効果で増加してIS曲線は右にシフトする。他方，貨幣市場では取引動機からの貨幣需要，あるいは政府による貨幣需要が増加したのでLM曲線は左にシフトする。公

債の資産効果は，新しい均衡をもたらし，GDP水準を増大させ，利子率を上昇させる。
ピグー効果は物価水準の下落による実質所得の価値上昇による消費の増大であり，
ケインズ効果は投資の進展に伴う実質資産の成長による消費の増加である。

(2)　19世紀後半，特に1860年代頃，ドイツ財政学は世界の支配的財政学の地位を得た。
L. von Stein，A. Schäffle，A. H. G. Wagnerは「ドイツ財政学三巨星」と呼ばれ，彼
らの学説を総括して正統派財政学という。A. P. ラーナーはこの流れを汲んで近代化
したと捉えられて新正統派と呼ばれている。

(3)　Lerner，A. P.，"The Burden of the National Debt,"in *Income, Employment and Public Policy : Essays in Honor of Alvin H. Hansen,* W. W. Norton & Company, Inc., New York, 1948, p. 264 ff.

(4)　Buchanan，J. M.，*Public Principles of Public Debt : A Defense and Restatement,* Homewood, Ill, Irwin, 1958.

(5)　Bowen，W. G.，R. G. Davis，and D. H. Kopf，"The Public Debt : Burden of Future Generation,"*American Economic Review,* Vol. 50, 1960.

(6)　Modigliani，F.，"Long-Run Implication of Alternative Fiscal Policies and the Burden of the National Debt,"*Economic Journal,* Vol. 7, 1961.

(7)　Barro，R. J.，"Are Government Bonds Net Wealth?"*Journal of Political Economy,* Vol. 82, No. 6, Nov.-Dec., 1974, pp. 1095 – 1117.

Ricardo，D.，*On the Principles of Political Economy and Taxation,* London, 1817, ch. 17.

【参考文献】
・　可部哲生編著『日本の財政』東洋経済新報社，2014年。
・　池田浩太郎『公債政策思想の生成と展開』千倉書房，1991年。

第9章　日本の税制

1　国　　税

　令和2年4月時点で，日本の租税は，第9－1表のように設定されている。

　国税は物品やサービスの消費を対象とする消費課税が多く，所得や利益を対象とする所得課税が税収の基幹を占めている。資産課税が少ないのが特徴で，経済実態とはギャップのある不適切な構成である。

第9－1表　国税・地方税の主な税目

	国　税	地　方　税		国　税	地　方　税
所得課税	●所得税　●法人税 ●地方法人税 ●地方法人特別税 ●特別法人事業税 ●森林環境税 　（令和6年度～） ●復興特別所得税	●住民税 ●事業税	消費課税	●消費税　●酒税 ●たばこ税　●たばこ特別税 ●揮発油税 ●地方揮発油税 ●石油ガス税 ●航空機燃料税 ●石油石炭税 ●電源開発促進税 ●自動車重量税 ●国際観光旅客税 ●関税 ●とん税　●特別とん税	●地方消費税 ●地方たばこ税 ●ゴルフ場利用税 ●軽油引取税 ●自動車税 　（環境性能割・種別割） ●軽自動車税 　（環境性能割・種別割） ●鉱区税 ●狩猟税 ●鉱産税 ●入湯税
資産課税等	●相続税　●贈与税 ●登録免許税 ●印紙税	●不動産取得税　●固定資産税 ●特別土地保有税　●法定外普通税 ●事業所税　●都市計画税 ●水利地益税　●共同施設税 ●宅地開発税　●国民健康保険税 ●法定外目的税			

（出所）　財務省『もっと知りたい税のこと』令和2年6月。

2　所　得　税

　基幹税の最重要税目である。一般的に個人所得を課税客体とする租税で「租税の女王」と呼ばれている。

　給料，賞与，商業利益，土地売買利益などに課税される。年間収入から給与

所得控除を引いて所得金額を算出し，さらに基礎控除，同一家計配偶者控除などを引き，その結果としての課税所得に超過累進税率を適用して税額を決定する。

　所得階層（bracket）を越して上位階層に入る超過所得額だけに上位税率を適用することが超過累進税率制度である。このように細やかな個別事情も考慮できる所得税は担税力に応じた税負担が可能で，課税の公正を達成する最高位の税目になったので女王と称えられる。各種の所得について計算方法や課税方式が異なっているので，簡略的に第9－2表にまとめて示した。

第9－2表　10種の所得と所得税の算定

所得の種類	対象	計算方法	課税方式
利子所得	公社債や預貯金の利子、合同運用信託・公社債投資信託や公募公社債等運用投資信託の収益の分配	収入金額＝所得金額	源泉分離課税（注1）
配当所得	法人から受ける剰余金の配当、利益の配当、剰余金の分配、投資法人の金銭の分配、基金利息、投資信託（公社債投資信託及び公募公社債等運用投資信託を除く）及び特定受益証券発行信託の収益の分配	収入金額－［株式などを取得するための借入金の利子］	申告不要 総合課税 申告分離課税
不動産所得	不動産、不動産の上に存する権利、船舶又は航空機の貸付けによる所得	収入金額－必要経費	総合課税
事業所得	農業、漁業、製造業、卸売業、小売業、サービス業、その他の事業から生ずる所得	収入金額－必要経費	総合課税（注2）
給与所得	俸給、給料、賃金、歳費、賞与など	収入金額－給与所得控除額（注3）	総合課税
退職所得	退職手当、一時恩給、その他退職により一時に受ける給与など	（収入金額－退職所得控除額）× ½ ※勤続年数5年以下の法人役員等の退職金については、2分の1課税は適用されません。	分離課税
山林所得	所有期間5年超の山林の伐採又は譲渡による所得	収入金額－必要経費－特別控除額（50万円）	分離課税（5分5乗）
譲渡所得	資産の譲渡（建物等の所有を目的とする一定の地上権の設定等を含む）による所得	［収入金額］－［売却した資産の取得費・譲渡費用］－［特別控除額（50万円）］	総合課税（注2）
一時所得	営利を目的とする継続的行為から生じた所得以外の一時の所得で労務その他の役務又は資産の譲渡の対価としての性質を持たないもの	［収入金額］－［収入を得るために支出した費用］－［特別控除額（50万円）］	総合課税（注2）
雑所得	国民年金、厚生年金などの公的年金等／上記の所得のいずれにも当てはまらないもの	（公的年金等）収入金額－公的年金等控除額／（公的年金等以外）収入金額－必要経費	総合課税（注2）

（注1）特定公社債等の利子等については、申告不要又は申告分離課税。
（注2）一部、分離課税として取り扱われるものがある。分離課税の対象となるのは、株式等の譲渡による所得（事業・譲渡・雑）、土地の譲渡による所得（譲渡）、不動産業者等の土地の短期譲渡等による所得（事業・雑（令和5年3月31日まで課税停止））、先物取引による所得（事業・譲渡・雑）等である。
（注3）23歳未満の扶養親族又は特別障害者の扶養親族等を有する者については、平成30年度改正において行われた給与所得控除額が頭打ちとなる給与収入の850万円超への引き下げによる負担増が生じないよう、所得金額調整控除により調整。
　　　給与・年金の両方を有する者については、平成30年度改正において行われた給与所得控除・公的年金等控除から基礎控除への振替による負担増が生じないよう所得金額調整控除により調整。

（出所）　財務省『もっと知りたい税のこと』令和2年6月。

　所得税の歴史をみると，世界史上では1799年にイギリスでナポレオン戦争の戦費調達のために当時の首相William Pittによって導入され，日本では明治20年（1887年）に海軍費調達のために導入された。

小ピットは父大ピットの次男で24歳の若さで英国史上最年少の首相になった政治家である。最も得意とした財政政策で、巨額の国債を償還して財政健全化を回復し、関税を軽減して貿易振興を図った。当時の重商主義全盛期に各国は貿易差額主義に走り、保護関税の下に自国の産業を強化育成する政策をとっていたが、新興国のイギリスのピット政策はその意味で異色であった。

　現行の日本の所得税に関する人的控除については、次表のように細かく配慮されている。

第9-3表 所得税の人的控除一覧

	対 象 者	本人の所得要件
基礎控除	●本人	合計所得金額2,500万円以下 (2,400万円超から控除額が逓減)
配偶者控除	●生計を一にし、かつ、合計所得金額が48万円以下である配偶者(控除対象配偶者)を有する者	合計所得金額1,000万円以下 (900万円超から控除額が逓減)
一般の控除対象配偶者	●年齢が70歳未満の控除対象配偶者を有する者	
老人控除対象配偶者	●年齢が70歳以上の控除対象配偶者を有する者	
配偶者特別控除	●生計を一にし、かつ、合計所得金額が48万円を超え133万円以下である配偶者を有する者	合計所得金額1,000万円以下 (900万円超から控除額が逓減)
扶養控除	●生計を一にし、かつ、合計所得金額が48万円以下である親族等(扶養親族)を有する者	―
一般の扶養親族	●年齢が16歳以上19歳未満又は23歳以上70歳未満の扶養親族を有する者	
特定扶養親族	●年齢が19歳以上23歳未満の扶養親族を有する者	
老人扶養親族	●年齢が70歳以上の扶養親族を有する者	
(同居老親等加算)	●直系尊属である老人扶養親族と同居を常況としている者	
障害者控除	●障害者である者 ●障害者である同一生計配偶者又は扶養親族を有する者	―
(特別障害者控除)	●特別障害者である者 ●特別障害者である同一生計配偶者又は扶養親族を有する者	―
(同居特別障害者控除)	●特別障害者である同一生計配偶者又は扶養親族と同居を常況としている者	―
寡婦控除	①夫と離婚したもので、かつ、扶養親族を有する者 ②夫と死別した後婚姻をしていない者 ※ひとり親に該当する者は除く ※住民票の続柄に「夫(未届)」「妻(未届)」の記載がある者は対象外	合計所得金額500万円以下
ひとり親控除	●現に婚姻をしていないもので、かつ、生計を一にする子(総所得金額等が48万円以下)を有する者 ※住民票の続柄に「夫(未届)」「妻(未届)」の記載がある者は対象外	合計所得金額500万円以下
勤労学生控除	●本人が学校教育法に規定する学校の学生、生徒等である者	合計所得金額75万円以下かつ給与所得等以外が10万円以下

(基礎的な人的控除 / 特別な人的控除)

(出所) 財務省『もっと知りたい税のこと』令和2年6月。

　第9-4図に示すように、現行の所得税は7段階のブラケットに区分され、5％〜45％の税率である。頻繁な改正があるので、これまでの改正については第9-5図にまとめてある。

第9−4図　現行の所得税構造

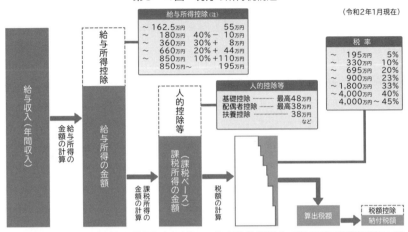

（注）23歳未満の扶養親族又は特別障害者の扶養親族等を有する者等については、平成30年度改正において行われた給与所得控除額が頭打ちとなる
　　　給与収入の850万円超への引き下げによる負担増が生じないよう、所得金額調整控除により調整。
　　　給与・年金の両方を有する者については、平成30年度改正において行われた給与所得控除・公的年金等控除から基礎控除への振替による負担
　　　増が生じないよう所得金額調整控除により調整。

（出所）　財務省『もっと知りたい税のこと』令和２年６月。

第9−5図　所得税の改正と所得ブラケット

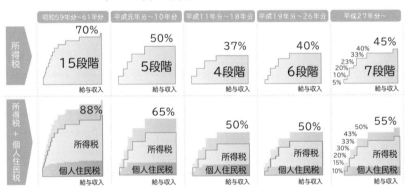

（出所）　財務省『もっと知りたい税のこと』令和２年６月。

　所得税による税収は所得弾力性が高いので，GDPが増大すると税収の増大
に反映されやすい。それ故に，経済成長への鋭敏性も高く成長戦略は税収を増
やすとともに，生活要件としての稼得所得の増大にもつながる。自動安定化要

因としても優れている。しかしながら，近年の所得分配や非正規雇用層の急増
は，この程度の人的控除では是正されない大きな格差を産みだしている。

　所得税の超過累進税が所得再分配機能を期待通りに果たしているとは認めら
れない。また次第に複雑化する改正は，租税の簡素性原則にも抵触する。現行
の所得税制度の下では，年金受給だけで生活する高齢世帯にも納税義務が発生
する。令和２年分以後は平成30年度の改正が適用される。目まぐるしい変化で
ある。

3　消　費　税

　消費税は広く薄く税負担を求める間接税である。原則として国内取引のすべ
てが課税対象であるが，海外から観光客の取引の一部は免税される。現行の消
費税は国税収入と地方税収入としての地方消費税とで構成されている。消費者
が財貨・サービスの購入に際して売価に10％をかけて税額として支払い，小売
業者はそれらを取りまとめて一定の時期に税務報告と共に納税しなければなら
ない。但し，売り上げ規模が法定総額以下の場合は，納税の義務を免除される
特例がある。

　消費税は，昭和63年（1988年）２月の税制改正で創設され，平成元年（1989
年）４月１日から税率３％で実施された。その後平成９年（1997年）４月１日
から５％に，平成26年（2014年）４月１日から８％に引き上げられ，更に令和
元年（2019年）10月１日から10％及び軽減税率８％の併存率に引き上げ実施さ
れた。

　消費税構想は竹下登首相のもとで胚胎され，橋本龍太郎内閣が導入実施に踏
み切った。そのため選挙では大敗を喫した。その後の二度にわたる税率引き上
げは，安倍晋三内閣が決定している。慎重な議論と政府債務の累積について国
民の理解が進み，増税も寛大に受け入れられた。三度目の増税も安倍内閣のも
とで実施されたが，やや強引とも思える政権運営は軋轢を深めた。消費税増税
後の不況は厳しさを深め，COVID 19の疫害が不況を悪化させた。数度の増税

を断行せざるを得ない経済環境の中で，政府には，洞察力と卓越した政策能力が要請される。

第9-6表　消費税の構造

	1988年～	1997年～	2014年～	2019年～
消費税（国税）	3％	4％	6.30％	7.80％
地方消費税		1％	1.70％	2.20％
（総合）消費税		5％	8.00％	10.00％

　これまでの消費税は，第9-6表のような推移を辿り，増税されてきた。

　平成16年（2004年）4月から総額表示が義務付けられ，消費税込価格で表示されていたが，平成25年（2013年）10月1日から令和元年（2019年）9月30日までの間，「現に表示されている価格が税込価格であると誤認されないための措置」を講じていれば総額表示にしなくてもよいことになった。しかし，これまでの8％消費税は相当の負担であり，税別と明示して外税にすることで安いかのような印象を与えるケースも多く，価格錯覚による過誤は深刻な影響を及ぼした。これは消費税率の引き上げが短期間に2段階にわたって行われたことで，値札の差し替えなど小売業者の煩雑な手間を軽減する配慮であるが，消費者の不便も甚大である。業者間の取引は総額表示の対象外である。

　消費税の対象外取引には次の事項が指定されている。①土地の売買，②土地の貸付，③有価証券の売買，④郵便切手の売買，⑤医療保健法等に基づく医療給付，⑥学校教育法上の小・中・高等学校，幼稚園，専修学校等の授業料，入学金等である。

　消費税は多段階型課税方式で，税の累進を排除する必要があるので仕入税額控除の方法をとって，付加価値課税の性質をもたせている。例示しよう。

　現行の10％の消費税のもとで，原材料業者Aは，10,000円の価値のある原料を生産し，完成品業者Bに売却する。この時Aは売上の10％である1,000円を納税する。Bはこの消費税を支払って得た原料を用いて製品を完成させ15,000円の価値のある製品に仕上げて卸売業者Cに売却する。この売上の消費税額は

1,500円であるが仕入時点で負担した1,000円を控除できる。したがってBの納税額は500円である。これはBの段階で追加された付加価値額5,000円に対する税額である。Cはさらに5,000円の価値を加えて小売業者Dに販売する。この時，売上20,000円に2,000円の消費税がかかるが，すでに仕入れ時に1,500円を負担しているので，500円が納税される。これはCの付加価値額5,000円の消費税である。DはCから商品を購入するとき2,000円の消費税を含めた総額22,000円を支払う。この商品に10,000円の価値を加え消費者Eに30,000円で売る。この時消費者Eは消費税3,000円を支払うが，Dはすでに2,000円を負担しているので，1,000円を納税する。結局すべての負担は消費者価格に上乗せされ，消費者が負担するが，生産過程の各段階で納税がなされる。これとは違う単段階型の酒税がある。その方式で行うと売上税になる。消費税の仕組みを図示したものが第9-7図である。

第9-7図　多段階課税型消費税

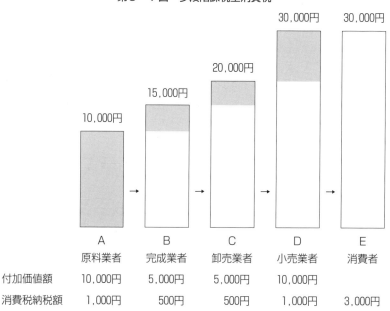

	A 原料業者	B 完成業者	C 卸売業者	D 小売業者	E 消費者
付加価値額	10,000円	5,000円	5,000円	10,000円	
消費税納税額	1,000円	500円	500円	1,000円	3,000円

仕入税額控除を受けるために，課税仕入れ等の事実を帳簿に記載し保存して
おかなければならない。いわゆる帳簿方式を採用している。売上総額から売上
税額を算定し，仕入れ総額から仕入れ税額を算定しその差額が納税消費税額に
なる。

　一定規模以下の中小事業者に対して，簡易課税制度が設けられている。これ
は仕入額を売上額の一定割合とみなして消費税額を計算する。平成15年度
(2003年度) までは税抜き売上高が２億円以下の事業者，平成16年度からは
5,000万円以下の事業者だけに適用されている。

　また，小規模零細事業者は消費税の納税義務が免除されている。これは事業
者免税点制度と呼ばれ，税抜き売上高が平成15年度までは3,000万円以下，以
後は1,000万円以下の事業者に適用されている。このような零細業者に支払わ
れた消費税は，その事業者の利益として扱われる。つまり益税となる。

　EU型の付加価値税はインボイス方式で，取引に際して既に支払った納税額
を記した送り状 (invoice) を添付する方式である。膨大なインボイスを添付さ
れる事業者も多いので，日本では採用されなかった。平成９年 (2007年) の税
制改正により，帳簿の保存に加えて課税仕入れの事実を裏付ける請求書等のイ
ンボイスを保存することが要請されている。

4　軽減税率

　10％への増税時に，軽減税率が導入され，消費税は複雑な２種税率体系に
なっている。

　消費税の逆進性を緩和するために，軽減税率が導入されている。一般的な
スーパーマーケットでの食糧品購入は概ね増税なしの８％のままで，生活実感
としての増税感はない。これで，逆進性が緩和などとはならない。税率が以前
並みの８％据え置きだからである。付加価値税の高いEU諸国は，平均20％の
付加価値税の下で，軽減税率は食料品５％，医薬品2.1％，新聞代や病院医療
費，学費などは各国で異なり多くは非課税である。

　日本の軽減税率は，10％への増税を見送っただけの軽減で生活実態は変化していない。つまり8％の消費税の生活の中の逆進性が解消されたわけではない。低所得者層に生活必需品にかかる10％は厳しい。高額所得者層にとって消費税そのものの痛税感はない。軽減税率が逆進性の緩和のためであるならば，2％程度の軽減税率を取り入れた消費税にしなければならない。第9-8図は現行の軽減税率のイメージを示してある。

第9-8図　軽減税率の対象となる飲食料品の範囲のイメージ

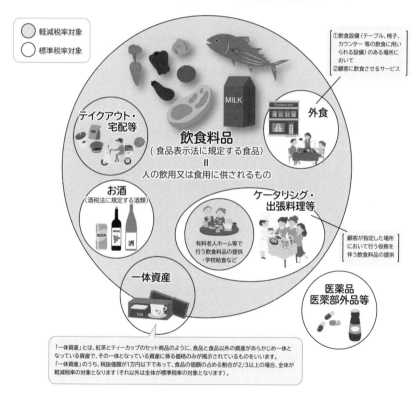

（出所）　財務省『もっと知りたい税のこと』令和2年6月。

　消費税の他に酒，ガソリン，タバコ，ゴルフ場利用，温泉入湯などに課税される個別物品税がある。二重課税になっているので，簡素ではなく，全体とし

て整然とした税体系ではなく，混乱して支離滅裂である。こうした簡明性のない租税で国民の目を塞いでしまうと租税理解は得られない。

　第9−9図は2020年現在の国際比較である。日本は増税直後の消費税10％の時代であるが，世界各国はすでに付加価値税を導入して成熟した定着を実現している。グラフの足から上に食料品への適用税率を示し，通常の標準税率をその上に置いて示している。但し，食料品の軽減税率は多様であり，適用範囲も各国で相違している。未加工農産物には標準税率を適用する国もある。

第9−9図　軽減税率と標準税率

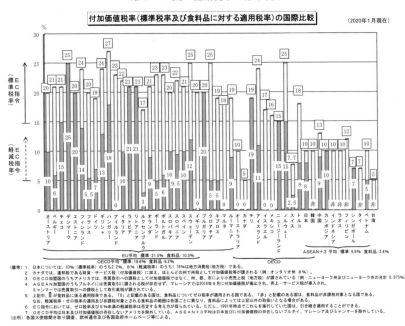

（出所）　各国大使館聞き取り調査，EU及び各国政府HP。

　海外の消費税のあり方にも学びつつ，日本の税制を適正化しなければならない。模倣の必要はないが，将来的には，本来の軽減税率の活かし方に留意した改正を期待したい。例えばスイスは標準税率7.7％で軽減税率は2.5％である。

5　法　人　税

　法人税は，法人の企業活動によって得られた所得に課税される。企業会計の当期純利益とは異なる。課税対象である法人所得は，「益金－損金」で算定する。これは経営情報をつかむ目的ではなく，担税力のある所得を算出するためである。

　益金は商品や製品の販売による売上収入，土地・建物の売却収入で，損金は売上原価，販売費，災害等による損失である。実態上は，税引前当期純利益に法人税法既定の加算と減算などの税務調整を施して算出している。

　こうして産出された法人所得に税率をかけ，税額控除額を差し引いて法人税額を算出する。これらの概略は第9−10図にまとめてある。

第9−10図　法人税額の算出

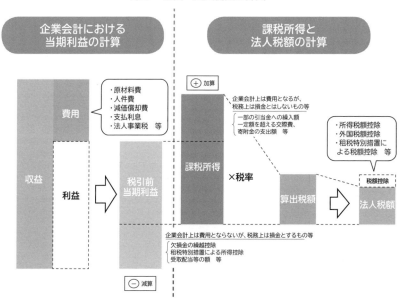

（出所）　財務省『もっと知りたい税のこと』令和2年6月。

現在は「成長志向の法人税改革」が進展中で，企業法人の収益力を拡大できるように，また積極的な賃金上昇を実現するために，課税ベースを広げながら法人税率を引き下げる改革に取り組んでいる。平成28年度（2016年度）の改正で，法人実効税率は37.00％から29.74％に引き下げられている。法人には国税の法人税，地方法人税，地方法人特別税，特別法人事業税と地方税の法人二税（法人住民税と法人事業税）が課税される。

　2019年1月時点の各国政府資料等の国際比較で，フランス（31.00％），ドイツ（29.89％），日本（29.74％），アメリカ（27.98％），カナダ（26.50％），中国（25.00％），イタリア（24.00％），イギリス（19.00％）の順である。

　フランスは2022年に25％に，イギリスは2020年度に17％に引き下げる予定である。実効税率は法人所得に対する国税と地方税の合計税率で，日本の地方税のうち法人事業税は損金扱いされるので，それを調整した後の税率である。

　国際的な企業競争力強化や国際的企業立地に有利な位置にいるためには，更に一層の引下げが必要になる。

6　贈　与　税

　生前贈与については高齢化の進展に伴って，早めに資産を移転させたいという希望が多く，贈与は子・孫世代にとって資産の有効活用を後押しする税制として重要性が増している。

　一年間の受贈財産額110万円までは基礎控除されて無税である。それ以上の贈与額には第9−11図のような超過累進税率が適用される。

第9－11図　相続税の課税

税率	課税財産額（基礎控除後の課税価格）	
	直系卑属	一般
10%	～200万円	～200万円
15%	～400万円	～300万円
20%	～600万円	～400万円
30%	～1,000万円	～600万円
40%	～1,500万円	～1,000万円
45%	～3,000万円	～1,500万円
50%	～4,500万円	～3,000万円
55%	4,500万円～	3,000万円～

（出所）　財務省『もっと知りたい税のこと』令和2年6月。

　贈与税の改正で，生前贈与は容易になり，贈与時に一律に20%の贈与税を納付しておき，相続が発生した時点で，相続税の計算に際して清算する相続時精算課税制度が創設されている。概略的な仕組みは第9－12図に示す通りである。

第9－12図　相続時精算課税制度

	制度の仕組み	3,000万円を生前贈与し，1,500万円を遺産として残す場合の計算例 （平成27年1月1日以後の相続で，法定相続人が配偶者と子2人の場合）	【参考】 暦年課税の場合
贈与時	①贈与財産額を贈与者の相続開始まで累積 ②累積で2,500万円の非課税枠 ③非課税枠を超えた額に一律20%の税率	贈与額 3,000万円　非課税枠 2,500万円　税率×20%　→　納付税額 100万円	納付税額 1,036万円
相続時	贈与財産額（贈与時の価額）を相続財産の他額に加算して，相続税額を精算	贈与額 3,000万円　相続額 1,500万円　4,500万円＜基礎控除：4,800万円 ・無税 ・贈与時の納付税額100万円は還付	無税

相続時精算課税制度を選択できる場合（暦年課税との選択制）
贈与者：60歳以上の者
受贈者：20歳（※）以上の贈与者の直系卑属である推定相続人及び孫
　※令和4年4月1日以後の贈与については18歳

合計納税額　0円　｜　1,036万円

（出所）　財務省『もっと知りたい税のこと』令和2年6月。

　相続財産について骨肉の争いが起きやすいが，生前贈与を用いれば，贈与者の意思も反映されやすく，また係争も減少すると期待される。これによって資産格差が是正できるとは考えにくいが，若い世代の低所得に多少なりとも加算

がされるならば，生前贈与の経済効果は予想外に高くなるだろう。

【参考文献】
- 財務省『もっと知りたい税のこと』令和２年。
- 内山昭『財政とは何か』税務経理協会，平成29年。
- 池宮城秀正編『財政学』ミネルヴァ書房，2019年。
- 関野満夫『財政学』税務経理協会，平成28年。

第10章　社会資本と財政

1　社会資本の経済的機能

　公共財の重要な部分は，インフラ（infrastructure）である。社会の共有物であり，経済社会基盤とも呼ばれる。年々の公共投資を集積したストックである。上下水道，道路，公園，空港，鉄道，港湾，通信，情報，電波など，具体的内容も広範囲に及ぶ。始まりの頃はsocial overhead capitalと呼ばれる私企業支援施設や治山，治水などの国土保全用役・施設を意味し，公営住宅や病院，学校などの生活基盤施設もその範疇にあった。高速道路，電気，情報通信ネットワーク，空港，工業用水などは特に重要な生産活動の基礎条件であり，社会的間接資本である。

　ようやく1960年代の高度経済成長期を迎えて日本でもライフラインを含めた社会資本の充実が叫ばれるようになった。1972年にはGNPに占める公共投資比率が10％台になり，産業基盤関係から生活基盤関係へと重点も移ることになった。

　昭和43年（1968年）には，マクロエンジニアリング手法が登場し，地球規模のプロジェクトが遂行される時代を迎えた。パナマ運河，東京湾アクアライン，アル・ジュベル産業都市化計画（サウジアラビア），中国三峡ダム計画に適用された。

　この手法は，その時代の最先端技術を複合的に用いてプロジェクトを実現に導く方策である。国際公共財（global commons）の実現のために世界の資金を集中し，技術のネットワークを形成して，個々の国の技術的・資金的制約を克服する方法である。

社会資本はすべての産業の生産活動を支える基礎的な用役から構成されるもので，広く，法と秩序から始まり，教育，公衆衛生を経て公益事業の全域に及ぶ。A. O. ハーシュマンによると次のような経済的機能を果たす[1]。

　①多種多様な経済活動にとって不可欠で，それらの活動を促進させる。②事実上，形成のための投資が膨大であるために公的機関にしか供給能力がなく，無料あるいは公共機関の定める一定率の低額料金で利用可能となることで産業振興に貢献する。③社会資本の用役は海外からの輸入によっては利用可能でなく，国内に供給されることで生産効率の改善を促進する。④社会資本を形成するための投資は一括性（lumpiness）があり，技術的に不可分性があるので大規模化する傾向があり，長期にわたり国内雇用を刺激できる。⑤社会資本の供給用役は，外部経済効果であり，不特定多数の経済主体が利用できるので，公共性があり，公共投資の対象になる。これらの機能の重要性と不可欠性について議論の余地はない。

2　公共投資

　経済発展のためには，投資が計画されなければならないが，政府投資が先行し民間投資の誘発を促さなければならない。一般的に社会資本への投資は収益性が低く，巨額資金が必要になり，償却期間は長期化するために公共部門の担う公共投資になる。社会資本の建設はそのもの自身が有効需要の創出であり，その生み出す外部効果により，長期にわたる有効需要の源泉になる。

　財政支出が呼び水効果を不況経済に作用させて，景気対策，経済安定化対策として補整的財政政策の主要内容になるのは，公共投資のもつ，雇用創出効果と所得効果，乗数効果の故である。

　機能別に分類すれば，公共投資は，行政投資（government investments）と産業投資から構成され，租税収入を財源として一般会計の公共事業費による固定資本形成とされる社会資本整備である。行政投資には，政府在庫投資を入れずに用地取得費は含めるが，統計上は政府固定資本形成を公共投資と同義と解釈

できる。

　産業投資は政府系企業（公企業）投資である。これは国有林野事業，国鉄，電信電話，専売，空港，港湾，高速道路，上下水道，政府系金融機関などの収益事業の資本形成である。財源は有償の資金を借り入れて行われることが多く，利用料金で調達資金の元利償還を行う。これらの政府系企業の中には既に，国有企業から民営化された企業も多い。

　一般にいろいろなレベルの政府が行う行政投資が公共投資の主要部分である。国土保全，産業基盤，生活基盤などの全域にわたる様々な施設・用役を供給するための設備投資である。これらの基盤形成に加えて，災害復旧，防衛関係施設，官庁営繕，都市計画等にも支出する資本形成である。

　公共投資の形態は資本主義経済の発展と共に範囲を拡大してきた。夜警国家を主唱したアダム・スミスも，公共事業を奨励した。郵便，電信，街灯，運河，鉄道などの生産費低落化効果をもつ施設・サービスはもとより，病院，学校，教育などの公共福祉増進効果が顕著で直接，国民に貢献できる社会資本整備も社会の発展に重要であることを認めた。

　資本主義経済の急激な発展とともに，衛生施設，給水保全，公園なども必要になり，農業組合，商工会議所のようなサービスも公共投資事業の対象に入った。さらに，失業救済，老人ホーム，健康保険，図書館等の他に，防衛兵器，大型戦艦，まで公共投資の対象になっている。

　1929年の大恐慌以後は，失業救済のための公共土木事業が大型プロジェクト化し，公共投資の花形として各国で取り組まれるようになった。地球温暖化に伴う大規模災害，未知のウィルスとの遭遇によるパンデミック大騒動は，復興事業や隔離施設，対抗新薬の開発，国際医療協力の必要を迫り，公共投資の対象領域はとどまることなく拡大し続けている。

　現在は，さらに，発展途上国の経済的自立と経済成長のための開発投資が公共投資の主要な使命として浮上している。また，先進諸国の内部においても未来の発展のための先行投資として，情報化，国際化，都市化，高速化を支える先行性，先導性，効率性を備えた開発投資が要請されている。

3　公 共 事 業

　公共事業は，国の一般会計予算が付く事業である。一般会計は総予算主義に基づいて一般の歳入・歳出を経理する会計である。財源は租税，印紙収入，雑収入，公債金などを充てる。これらの収入を，国の基本的な経費である，憲法上の機関の活動経費，治安維持経費，外交経費，保健衛生経費などを盛り込んで歳出の基幹部分を編成する。

　原則として，財政法第12条が規定している「会計年度独立の原則」の下に経理されるので，長期的観点は皆無である。財政の計画的運営と均衡財政を図るための措置であるが，長期的視点は排除される。「累積」観点に注意が向けられない弊害の一因である。L. J. コトリコフの提唱する「世代会計」なども利用して多角的な視点を導入するとともに，単年度独立の原則を見直す必要にも迫られている。

　公共事業関係費の推移は，第10−1図に示す通りである。令和2年の公共事業支出は6兆9,099億円で前年度比18.8％減の実績である。

第10−1図　公共事業関係費の推移

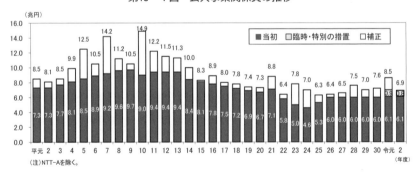

（出所）　財務省『日本の財政関係資料』令和2年，39頁。

　日本の公共事業の経費分担について，平成24年度の総務省『行政投資実績報告』によると，地方財政の事業主体分が79％であり，経費負担合計は63％で，

国の補助金による経費負担が大きいことが窺える。近年は文教施設や下水道などの生活基盤事業が多く，それまでの中心であった産業基盤関連事業を超えている。産業基盤の中では道路関連の公共事業が突出して大きく，農林漁業基盤関係事業も多い。

　全般的に，日本の公共事業は諸外国と比べて多く，GDP比で８％程度を占めていた。近年は欧米諸国並みの２％台である。海外比較については第10－2図に示す通りであるが，このような事情はいくつかの要因から発生した。主要な要因として次の４つの理由を指摘できる。①戦後の景気対策のほとんどがケインズ型の公共事業であり，建設国債の発行によるフィスカル・ポリシーが多用された。②地方債発行と後年度地方交付税支援により地方の公共事業が促進された。③戦後の公共事業に対するニーズが旺盛で，脆弱な社会資本整備状況が拍車をかけた。④政治家・建設業企業・官僚の三者連合体が利害を一致させた公共事業癒着コンプレックスとして暗躍した。

第10－2図　一般政府総固定資本形成（対GDP比）の推移

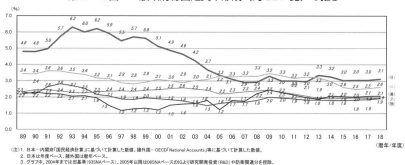

（注）1．日本…内閣府「国民経済計算」に基づいて計算した数値。諸外国…OECD「National Accounts」等に基づいて計算した数値。
　　　2．日本は年度ベース，諸外国は暦年ベース。
　　　3．グラフ中，2004年までは旧基準（93SNAベース），2005年以降は08SNAベースのIGより研究開発投資（R&D）や防衛関連分を控除。

（出所）　財務省『日本の財政関係資料』令和２年，39頁。

　21世紀に入り，公共事業は転換期を迎えGDP比を低下させた。それは①財政赤字の累積，②ケインズ型景気対策の不調，③国民・住民の「箱もの行政」への批判，を背景に公共事業の合理性に疑義が向けられたためである。特に，低下した乗数値が「失われた20年」の経済低迷と慢性的デフレ経済に悩む日本経済に，公共事業投資のケインズ効果をもたらさない主要要因として作用した。

4　防災と防疫

　公共投資の主要な対象として考えなければならないことは，災害列島日本の
近年の経験が災害財政の未熟さを露呈していることである。江戸時代の「永代
橋崩落事故」や「宝永の大噴火」などの後の幕府災害財政に鑑みても，現代の
災害財政は後進的で未成熟である。災害財政は，「防災→救難・救助・応急・
救援→復旧→復興」を一続きとしたパッケージになっている。ハザードマップ
の作成だけではとても追いつけない。「自然災害に責任をとらない」政治では
いけない。

　災害地域の広域化が特徴になった現代の災害に対し，現行の財政システムで
は対応が難しい。特別立法を必要とする超大型災害や激甚災害法の規定に従う
大型災害など，多様なレベルの災害に対処する財政対応に一貫性と簡明性がな
い。

　更に，2020年のCOVID 19によるパンデミック対応も新設しなければならな
かったほどである。災害が頻発し，毎年，発生するようになっているので，災
害財政を早急に整備して対策体制を整える必要がある。

　まず，対策体制の整備である。①責任の所在を確定し，臨機の機動に備えて
常備する組織を定着させる必要がある。それはシャドウ・キャビネット形態で
災害がなければ休眠していて構わない。②災害発生時には機動的な資金繰りと
して日本銀行からの特別引き出し枠（GDPの10％）を設定しておき，被災地の
地方自治体に無条件に自動的に配分する。③すべての民間金融機関に利子補給
を確約し，被災者救済資金，旧態復帰資金，住宅等被災修復資金の貸与体制を
とらせ，それらの限度額や貸与年数，貸与条件などはあらかじめ，災害ランク
に応じて決めておく。④災害復興に向けた長期的な住民参加型システムと情報
ネットワークを構築する。これらが災害財政の骨子であろう。

　このような対策体制は現行システムには皆無であり，政府対策のタイムラグ
が露呈して，対応が後手，後手に回るようになる主因である。東日本大震災の

時，被災地の途絶した物流の中，全国のすべてのトラックを「今は国難」の合言葉のもとに集中させて被災住民に食糧を届け続けたコンビニ・ローソンの頼もしさは一条の光明だったが，このような民間救済に救われるような政治では困る。

COVID 19に遅れて発症し，瞬く間に日本の感染者数を追い越したアメリカは，即座に20兆ドルの経済支援を実行した。日本は封じ込め対策の効果は出せたが，冷え切る経済に即座の支援支出を決めかねて後手に回った。この国難の事態に「補正予算を組む」時間的余裕はない。超ハイパー・インフレの経験をもつドイツは，インフレ率が規定値を超えると自動的にインフレ対策が始動することが憲法上決められている。こうした災害財政の自動的始動システムが必要である。

地球温暖化に伴い，永久凍土が融けだすと未知のウィルスとの戦いが日常的に発生すると警告する生物学者がいる。感染力の強い病原菌はスーパー・スプレッダーとともに世界中に短時間のうちにウィルスをまき散らす。隔離こそが最大の防疫である。

こうした場合に内陸部に隔離施設を設けることは難しい。クルーズ船対応も隔離施設の不足が招いた悲しい対応だった。海に囲まれた日本であるから，太平洋上に大きな人口島埋め立て事業を慣行して，広大な隔離島を造り，人口密集の首都圏の機能を補完する提案もある。

身勝手で自分本位の個人主義が横溢する現代社会では，自粛とマスクだけでは防疫には程遠い。強制隔離に必要なスペースの創造こそ急務になる。かつて国道15号線は近隣住民の物干し場で，「こんな広い道路を誰が計画したのか」と嘲笑されたらしいが，今やその広さでも車の渋滞が回避できない。

時代を超えて発想する災害財政には，このような広大無辺な奇想がなければならない。

【注】
(1) Hirschman, A. O., *The Strategy of Economic Development*, New Haven, Conn., Yale University Press, 1958.（小島清監修『経済発展の戦略』厳松堂出版, 1961年）

【参考文献】
・ 内山昭編著『財政とは何か』税務経理協会, 平成29年。
・ 関野満夫『財政学』税務経理協会, 平成28年。
・ 小島照男・兼子良夫『地方財政と地域経営』八千代出版, 2004年。
・ 財務省『日本の財政関係資料』令和2年。

第11章　近代日本財政史

1　明治の財政

(1)　明治前期の財政

　明治維新から明治4年7月の廃藩置県までの期間，近代国家形成を急ぐ日本は東京・大阪・京都の3府302県でスタートした。財政の中心は福井藩士由利公正による由利財政である。新しい租税制度はまだ確立していない。新政府の財政は，例外歳入で，不換紙幣（太政官札），公債（外債），豪商からの借入金の3種の歳入で新政府の緊急需要を賄った。不換紙幣の乱発は後に激烈なインフレーションに発展した。殖産興業政策も軌道に乗らなかった。明治6年7月に地租改正条例を公布し5年間にわたって実施し，ようやく近代租税国家としての第一歩が踏み出された。地租改正の基本内容は，私的土地所有権の確立を図り地券を公布し，課税基準を地価に求め地価の100分の3を地租とした。地租は定額金納制とし地主の小作料取得を保障した。明治10年1月には地租は2.5％に軽減された。

　地租創設により，日本は租税国家としての基盤を確立した。財政の70％以上は地租が占め，主要財源となった。旧藩債整理，秩禄処分，西南戦争の戦費調達が巨額の政府公債残高を押し付けた。1877（明治10年）勃発の西南戦争の戦費は4,200万円に達し，これを政府不換紙幣の発行2,700万円及び第15国立銀行からの借入1,500万円で支弁し，1878年末には不換紙幣流通高が1億6,750万円に急膨張した。インフレーションの昂進は激化した。この経済環境は農村経済の近代化には貢献したが，金利を騰貴させ大工業の成立・発展を困難にした。不換紙幣の整理，信用制度の確立，財政健全化が資本主義経済の確立にとって

焦眉の課題となった。

　明治10年代の財政は佐賀藩出身の参議大隈重信・大蔵卿佐野常民の改革から始まり，この歴史的課題となった不換紙幣の整理に応えようとするものだった。大隈財政は輸入不均衡と銀正貨需要の増大による銀貨騰貴にインフレ原因を見出し，まず殖産興業による産業振興を企図して財政支出を拡大した。このため正貨準備は2,000万円から800万円に激減した。さらに5,000万円の外債発行によって兌換制度の確立とインフレーションの克服を図り，産業開発を一挙に実現しようと計画したが，「明治14年の政変」により10月，志半ばで罷免・追放され失脚した。この政変は国会開設に関わる急進派の大隈重信と伊藤博文・井上馨・右大臣岩倉具視らの漸進派の対立から発生し，薩長藩閥政治の確立を目指すクーデターであった。

　明治14年（1881年）10月に大蔵卿になった松方正義は，大隈財政とは異なる方策で歴史的課題に挑戦した。インフレーションの元凶は不換紙幣の乱発によるものと断じ，中央銀行を創立して兌換制度の確立を狙った。そのため超均衡財政によって歳計余剰を生み出し，年々700万円程度を一般財政収入から捻出し，不換紙幣の消却を図る一方で，銀正貨の買入れや輸出増進による正貨流入を促進し，荷為替取組制度で正貨蓄積を充実させ，この正貨準備を背景に兌換紙幣を発行しようとした。明治14年〜18年の期間で4,000万円の歳計余剰を強行し，明治15年（1882年）10月には日本銀行を開業させ，明治18年（1885年）5月に日本銀行は兌換銀行券を発行し，翌明治19年（1886年）より銀本位制が樹立された。やがてインフレーションは収束し日本の通貨金融制度の基礎が構築された。金本位制実施は明治30年（1897年）10月からである。

　大隈財政は不換紙幣の全額消却をめざしたが，松方財政は銀正貨と不換紙幣との差額がなくなるところまで不換紙幣を縮減し，正貨準備（銀備蓄）を進めながら不換紙幣の価値が回復したところで兌換紙幣に切り替えるという方策であった。歳出についてはゼロ・シーリングで据え置きに努力し，売薬印紙税などの新税を課し，酒造税則・煙草税則の改正を経て増税を行った。この結果，不換紙幣は縮減し，銀正貨と不換紙幣の差額が解消し，物価低落，輸出増加に

よる出超を実現した。農民層は松方デフレで深刻な打撃を受けるが，離農した
余剰労働力が大規模産業の勃興を支える条件を形成した。

(2)　明治後期の財政

　明治11年（1878年）7月に3新法，「郡区町村編成法」「府県会規則」「地方税
規則」を公布し，明治20年（1887年）3月所得税法の公布で所得税を創設し税
目面では近代租税国家の様式を整えた。明治21年（1888年）4月に市制・町村
制公布を経て地方団体による統治体制を確立し，財務制度も整備された。翌明
治22年（1889年）2月に大日本帝国憲法が公布され，翌年11月第一帝国議会が
召集された。他方，明治27年（1894年）8月～翌年4月講和条約締結までの日
清戦争および明治37年（1904年）2月～翌年9月ポーツマス条約締結までの日
露戦争は軍事費の重圧によって明治財政を帝国主義的財政へと変質させた。

　日清戦争では臨時軍事費の51.9%，日露戦争では85.5%を公債で調達した。
日露戦争の公債の52%が外債である。日清戦争は9億2,000万円の戦費で賠償
金2億3,350億円（邦貨で3億5,000万円）を得た。明治28年の公債発行額は7,312
万円，累積債務残高は3億4,177万円に達した。日露戦争は戦費19億8,600万円，
一般会計ベースで明治37年～39年の3か年に16億7,600万円の公債が発行され，
賠償金もなく14億7,000万円の国債を残した。

　明治37年（1904年）4月に煙草専売法が公布され，明治38年には塩専売法が
公布され塩の専売制も実施された。この年，相続税が創設され酒税，砂糖消費
税が増税され課税は大衆課税色を強めた。砂糖消費税は1901年に導入されたが
1989年の消費税導入時に廃止されるまで，89年に亘って個別消費税として貢献
した。

　他方で国債残高は際限なく積み上がり，明治40年（1907年）22億5434万円，
歳入の2.63倍となり，大正・昭和へと引き継がれて更に増え続けていった。大
正10年（1921年）40億7,712万円，昭和10年（1935年）98億5,430万円，昭和20年
1,408億1,188万円と拡大し，国家破綻状態となっていく。

　軍備の拡張，八幡製鉄所等の官営企業設置，国有鉄道の敷設，電信電話の創

設，国策銀行（日本勧業銀行・農工銀行・北海道拓殖銀行・日本興業銀行・朝鮮銀行など）の設置，台湾・朝鮮・南樺太などの植民地経営など大きく広がった国家事業は財政機能の拡大と財政資金の急膨張を必要とした。

2　大正・昭和初期の財政

❶　大正の財政

　大正3年（1914年）8月に対独宣戦布告によって第一次世界大戦に参戦し大正7年（1918年）11月の大戦終了までの期間，特に後半2カ年に，輸出伸張による正貨流入（金備蓄増大）があり日本銀行の正貨保有残高は20億円を超えた。これらの余剰を外債償還に充て，国債未償還額も27億4,900万円に減少した。海外投資も進展した。しかし，好況は短命で昭和初期には世界恐慌に巻き込まれ，世界不況の影響で国際収支は巨額の貿易赤字を発生させた。大正12年（1923年）9月1日の関東大震災は全壊12万戸，全焼45万戸，死者9万人，行方不明4万人の大災害であり，震災恐慌といわれる経済混乱を引き起こした。震災手形割引損失補償令を出して銀行資本の救済に当たった。この補償令の適用を受けた震災手形は震災前に振り出され，震災前に銀行が割引いていた手形を日本銀行が再割引し，取立に2年の猶予があり，日本銀行の損失に1億円を限度に政府が補償するものである。結局105行の銀行に4億3,000万円の再割引総額が必要になり，不良債権化した戦後貸付のため決済は融通期間を2年延長しても進展しなかった。このような金融弱体化が昭和2年の金融恐慌に発展した。この時期に，震災手形補償公債1億445万円，震災手形善後処理5分利国庫証券7,828万円などの財政手立てが必要となった。大正14年の失業救済土木事業，昭和元年の自作農創設維持補助規則なども財政需要を急増させた。このための財政支出総額は少なかったが，財政負担を地方財政に転嫁したため，地方経済は衰退することになった。

　大正8年（1919年）には，戦時利得税が課され，第一次世界大戦で多額の所得を得た者に所得税が課税された。さらに所得税の改正が進み，三種の所得税

が区分され，法人所得税，利子所得税，累進性個人所得税が採用されていった。

世界が1929年10月に始まる大恐慌に巻き込まれて経済の難局に直面すると日本経済も翻弄され深刻な財政危機を招来することになる。次の舞台は井上準之助の緊縮財政と高橋是清の積極財政とが切り結ぶ局面となった。

❷　井上準之助財政

井上準之助は大正8年（1919年）日本銀行総裁として第一次大戦時の金融と戦後の不況対策に尽力し，第二次山本権兵衛内閣（1923年）の蔵相として関東大震災の善後処理に当たった。昭和2年（1927年）の金融恐慌の発生とともに，再び日本銀行総裁となり，浜口雄幸内閣（1929年7月2日～1931年4月13日）の蔵相となって井上緊縮財政を断行した。1930年金解禁を断行し，次の若槻礼次郎内閣にも留任したが世界不況の深刻化で内閣が崩壊し，昭和7年2月選挙活動中に凶弾に倒れ63歳の生涯を閉じた。

井上財政は昭和4年（1929年）7月～昭和6年（1931年）12月の期間実行された緊縮財政である。第一次世界大戦開始とともに，各国は金輸出を禁止した。管理通貨に対する世界的な不信が金需要を急増させるため世界金融市場が金本位制のもとで混乱するからである。アメリカが大正6年（1917年）9月10日に決定すると日本も12日に禁止した。大戦終結後，貿易拡大と協調体制堅持のため，金本位制のもとアメリカは大正8年（1919年），ドイツは大正13年（1924年），その後1925年にイギリス，1928年にフランスが相次いで解禁に踏み切った。日本も急ぐ必要があった。しかし，そのための正貨準備は不十分であった。井上財政は，緊縮財政，経済合理化，物価安定を余儀なくされた。大戦後の経済膨張を引締め，放漫財政を均衡財政に転換しなければならなかった。そこで，財政の緊縮，非募債主義，行財政整理などデフレ政策に訴える必要があった。タイミングとして最悪な昭和5年（1930年）1月金解禁を断行した。国内価格の下落によって輸出が増加し，輸入は抑制され，国際収支が改善し，景気が回復すると想定されていた。

昭和4年10月にニューヨーク・ウォール街で始まった株価大暴落からの大恐慌がいよいよ各国に波及し始めると，正貨は海外流出を起こす。不況時には海

外に散在する管理通貨の紙幣は本体の金に兌換されて持ち出され紙幣が自国に還流するからである。タイミングとしては金輸出を禁止すべき時に金解禁をしてしまった。イギリスは昭和6年（1931年）金本位を停止し，ブリティッシュ・ブロック経済圏を構築して世界協調から抜け出してしまった。ドル買い円売りの殺到で日本からの正貨流出は86億4,210万円[1]に達したと推計されている。国際収支は破綻し，輸出は不振を極め，景気は更に深刻化した。井上財政はすべての方策が裏目に出て失敗した。木を見て森を見なかった方策の哀れな末路だった。金解禁は国際的強請であり，時機を逸した決定だったが，正貨流出を甘受した英断は現代史の中では輝いている。

❸　高橋是清財政

　昭和6年（1931年）12月13日に発足した犬養毅内閣の大蔵大臣として就任した高橋是清[2]は，就任即日金輸出禁止に転じ，日本銀行引受方式の公債発行で得た資金を用いて積極財政を行った。昭和11年（1936年）2.26事件で青年将校の銃弾に倒れ83歳の波乱万丈の生涯を閉じるまで，5年間にわたって高橋財政が展開された。

　高橋財政は，不況対策として日本銀行引き受けの赤字公債である歳入補填公債を発行し，16億円の時局匡救費を支出する財政投資・財政融資を展開した。また金輸出停止・金本位制離脱によって正貨流出を止め，さらに円安誘導による輸出拡大と国際収支の赤字縮小を図ろうとした。現代経済学の見地からも適切な方策であり，衰弱した日本経済の早期回復を狙う卓越した積極財政であった。高橋積極財政により，昭和7年（1932年）頃から生産は回復し始め，輸出の伸張もあり世界不況から徐々に脱却することができた。

　しかしながら，日本銀行引受方式の赤字公債発行は財政債務の急膨張を容易にし，軍事費予算の安易な調達を可能にし，軍国主義化に拍車をかけることになった。寄せては返す波の連続のように，大日本帝国の財政には，公債による戦費調達要請と債務の豪圧とが襲い続けた。昭和12年（1937年）に日中戦争が始まり戦時経済体制へと向い経済力の全てを戦争に動員していくことになった。

　馬場鍈一財政において所得税の臨時増税がなされて以後，大幅な増税が毎年

繰り返され，昭和15年度の税制改革で給与所得の源泉徴収制度が導入された。物品税と法人税は大増税となったが戦費による歳出膨張は止めようがなかった。

　昭和20年の公債発行額は534億9,480万円に達し，累積残高は1,408億1,188万7,000円になった。残高の歳入対比は6.00，残高の税収対比は実に13.41になった。一般会計歳出は214億9,619万円，公債費は42億938万円に増大した。財政破綻以外の何物でもなかった。ここまでの政府債務残高の推移が，第11－1図である。

第11－1図　戦前の債務残高の推移

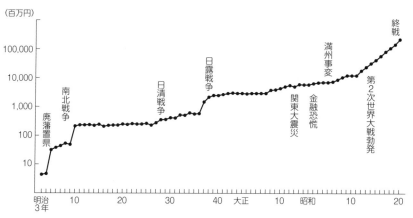

（出所）　大蔵省財政史室『大蔵省史』第2巻。

3　大戦後の財政

(1)　戦後の財政再建と傾斜生産方式（ドッジ・ラインとシャウプ勧告）

　戦後の昭和22年（1947年）には，傾斜生産方式による経済再建が試みられた。優先的に石炭・鉄鋼等の重要産業に資金と資源を投入して再建スピードを上げる政策であった。物価統制のための価格補給金制度で，鋼材も石炭も政府から生産費以下の廉価で入手できた。さらに，長期設備資金の供給のために復興金融金庫が設置された。復興資金融資は復興金融金庫債（復金債）で賄われたが，

復金債は日本銀行引受公債であったので，戦後にハイパー・インフレーション
が発生した。GNEデフレーターで見ると昭和23年187.6，24年232.4，25年
244.9，26年298.9，27年302.3，28年327.2となっている。都市世帯消費水準は
戦前を100として，昭和22年には55.5を記録した。極貧と物不足，飢餓が付き
まとった。サツマイモ一つが西陣織留袖と当然のように交換された。

　連合軍統治下の昭和23年10月にアメリカの国家安全保障会議は対日政策
NSC 13／2を採択して日本の復興が決定された。昭和23年（1948年）12月に
GHQは「日本経済安定9原則」を発表した。デトロイト銀行頭取のJoseph
Morrell Dodge特別公使は翌年2月に来日し，9原則の実施および多くの経済
政策を展開して日本経済の復興を指揮することになった。この一連の政策を
ドッジ・ラインと呼ぶ。9原則は①財政の均衡　②徴税の強化促進　③融資制
限　④賃金の安定　⑤価格統制の強化　⑥貿易・為替管理の改善　⑦輸出振興
⑧重要原料などの増産　⑨食糧供出の改善である。特に，赤字財政をなくしイ
ンフレを終息させることを重点に指令された。この至上命令を実施するために
ドッジは超均衡予算によって復興金融金庫新規融資を停止し，国債償還を進め，
日本国民に耐乏生活を強いた。それまで輸出入補助金として使われた対日援助
物質売上金を見返資金特別会計として運用し，1ドルを360円とする単一為替
レートを設定して国際経済に合流させた。昭和24年の予算はこの政策通りにな
りドッジ予算となった。インフレの昂進の終息は速やかに実現したが，逆に激
しいドッジ・デフレに見舞われ，借入金依存の企業は人員整理と倒産に追い込
まれた。昭和27年度（1952年度）までドッジの指導が続いたが，この間日本の
財政金融当局はドッジ・ラインに同調せず，国債を大量に買い入れる買いオペ
レーションを実行し，他方で日銀貸出を通じて企業の資金不足に対応した。す
べては1950年6月の朝鮮戦争勃発とともに一変し，特需景気に覆われて復興は
1954年には完了し，経済成長時代へと突入した。

　税制面では，アメリカ・コロンビア大学教授Carl Sumner Shoupを団長とす
る日本税制調査団が昭和24年5月に来日し，8月に日本の税制改革に関する報
告書（Report on Japanese Taxation by the Shoup Mission）を提出した。これがシャ

ウプ勧告である。ドッジ・ラインの経済安定の実現を税制面から助ける目的でまとめ上げられた。翌年9月に再来日し，実施状況を視察し第二次報告書をGHQに提出した。勧告の主たる内容は，所得税中心主義の総合累進課税制度の徹底，申告納税制度の導入，資本蓄積のための減税措置，地方税を独立税とし，補助金制度をやめて平衡交付金制度に改変する等であった。昭和25年の税制改革でこれらの勧告は実現したが地方の行政事務の再配分に関する勧告は無視された。その後の税制改革はこのシャウプ勧告の崩壊過程と言われる。

すなわち，昭和28年には富裕税，有価証券譲渡益課税が廃止され，昭和29年には実施されないままの付加価値税を廃止して事業税に一本化し，平衡交付金制度は地方交付税交付金制度へと変換された。義務教育・生活保護費の補助金復活，地方債許可制の復活，国庫補助金の拡大など，シャウプ勧告を背景に追いやる改革が続いた。

(2)　高度経済成長期への財政

昭和29年（1954年）から3年に亘る景気拡大は神武景気と呼ばれる大型好況であった。財政は増分主義の予算編成をとって拡大した。均衡予算主義が堅持され，高度経済成長による自然増収は一般会計の均衡維持に十分であった。毎年減税が行われ，所得の急増にも関わらず租税負担率は19%程度を推移した。

景気対策は主に金融政策が担い，財政投融資を活用して機動的弾力的な財政運営が実現できた。国債を発行する必要はまったくなかった。

(3)　高度経済成長期から安定成長期への財政

昭和40年（1965年）には東京オリンピック後の金融不況が進む中で，日本銀行は初めて証券会社に日銀特融を実施した。税収不足から財政特例法を立法し特例公債発行を実行する補正予算も組まれた。41年度予算は当初予算から建設国債を発行して有効需要拡大を図る景気対策が実行され，戦後の均衡財政主義は大きく変節し転換点となった。建設公債の原則，市中消化の原則を守り，昭和42年度に公債償還のための減債制度を導入した。

昭和45年（1970年）8月にはアメリカの金本位離脱が発表された。いわゆるニクソン・ショックである。更に1970年代には原油の32倍もの値上がりによるオイル・ショックが2度来襲し，高度経済成長の持続は難しくなった。成熟先進経済として低成長の安定成長期が始まったが，コストプッシュ型のスタグフレーションという新種の不況が発生し，狂乱物価による20％を超えるインフレに悩むことになった。昭和50年（1975年）には10年ぶりに特例公債が発行された。昭和50年代は毎年特例公債を発行する経済状況が続き，内国債の新規発行額も急増した。昭和53年度には新規発行が10兆円を超え国債まみれの財政へと変貌した。国債発行がない年が珍しいほどの低迷であった。

　財政再建は昭和55年（1980年）から取り組まれ，歳出抑制のためのゼロ・シーリングやマイナス・シーリングの設定も試みられた。地価バブル後の「失われた20年」という経済の長期低迷が現実化し，デフレ不況は出口を求めて彷徨した。深刻な不況の連続で特例公債残高は，2015年には1,100兆円を超えた。プライマリー・バランスの回復を2020年度達成という目標は困難となり，2060年に向かって，国債依存財政の再建に取り組み始めたが，財政をどのように構造転換していくのかは霧の中である。

　IMFの2015年の論評は，日本の財政再建には10％からの更なる消費税増税の第二段階と年金・社会福祉関係の歳出抑制が必要であると指摘した。財政史を彩る日本の課題は，膨脹する歳出と累積国債の重圧という二重苦を100年以上に亘って解消できずにいることである。

　戦後の財政の変遷は章末に示してあるが，近代財政史の変遷は次の第11－2図を参照にすると分かり易い。

第11−2図　戦前からの債務残高対GDP比の推移

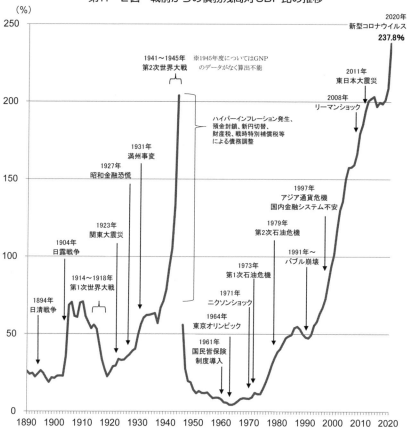

(注1) 政府債務残高は、「国債及び借入金現在高」の年度末の値（「国債統計年報」等による）。2019年度は補正後予算に基づく見込み。
2020年度は第2次補正後予算に基づく計数であり、政府短期証券のうち財政融資資金証券、外国為替資金証券、食糧証券の残高が
発行限度額（計197兆円）となっていることに留意。なお、1945年は第2次世界大戦終結時によりGNPのデータがなく算出不能。
(注2) GDPは、1929年度までは「大川・高松・山本推計」における粗国民支出、1930年度から1954年度までは名目GNP、1955年度以降は名目GDPの値（1954年度までは「日本長期統計総覧」、1955年以降は国民経済計算による）。ただし、2019年度及び2020年度は、
「令和2年度の経済見通しと経済財政運営の基本的態度」（令和2年1月20日閣議決定）による。

（出所）　財務省『日本の財政関係資料』令和2年7月。

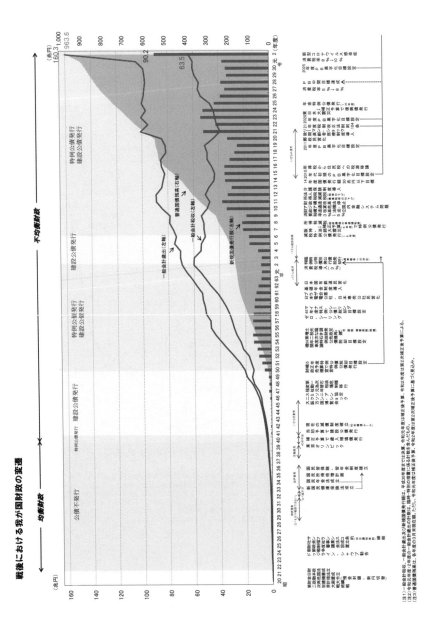

戦後における我が国財政の変遷

（出所）　財務省『日本の財政関係資料』令和２年７月。

【注】

(1)　鈴木武雄『財政史』187頁によると，昭和3年（1928年）末の時点で，政府・日銀の正貨保有高は91億9,910万円存在した。1929年末で13億4,300万円，1930年末で9億5,900万円，1931年末で5億5,700万円に減っている。一般会計歳出決算は昭和3年から15億6,800万円，17億3,600万円，15億5,800万円，14億7,700万円と減少し井上緊縮財政が断行されている。正貨準備は増やす方策をとっていたが，このような減少が大恐慌による正貨流出と推計されている。

(2)　高橋是清は，日露戦争のための外債募集に奔走し尽力した。当時強大な帝政ロシアに挑む極東の小国日本の国際的理解は困難を極めた。外債は売れず，イギリス，アメリカの応募支援はあったが多額の公債消化は難しかった。最も多く支援したのはユダヤ資本であったと伝えられている。ロシアも敗戦続きで財政的に困窮しており，フランスの支援を受けていた。ロシア国内ではロシア革命に繋がる第Ⅰ革命が突発し，革命鎮圧が急務であった。各国の輻輳的な思惑の中で日露両国の和平斡旋が進んだ。
仲介役のアメリカ合衆国S.ローズベルト大統領は，樺太占領を勧め，そのアドバイスと日本軍の樺太軍事侵攻により，和平交渉では最低限度の条件はクリアーできたが，賠償金は受領できず，国民への重い負担が解消されずに残った。和平交渉団の小村寿太郎にローズベルト大統領は日本をバックアップする理由として，『忠臣蔵』を読んで武士道に感銘したからだと語ったと伝えられている。

【参考文献】

・　財務省『日本の財政関係資料』令和2年7月。
・　鈴木武雄『財政史』東洋経済新報社，1962年。
・　本庄栄治郎『日本財政史』改造社，1926年。
・　大蔵省昭和財政史編集室編『昭和財政史』全18巻，東洋経済新報社，昭和29-40年。

第12章　グリーン税制

1　グリーン経済志向

　2010年のアメリカ大統領選挙で，民主党のバラク・オバマ氏の選挙公約として打ち出されたビジョンがグリーン・ニューディール政策である。環境対策と技術革新を結び付け，環境重視型産業の発展によって景気回復を図り低炭素社会の実現に貢献するとともに雇用創出を実現しようとする新産業政策である。

　バイオ燃料，太陽光・風力などによる再生可能エネルギー，電気自動車（EV），水素バスなどの利用を拡大し，情報技術（IT）で電力需給を効率的に制御する次世代送電網のスマートグリッド（smart grid）網の普及などを具体的内容とした。

　グリーン経済とは環境悪化や生物多様性の喪失を防ぎながら，経済成長，雇用創出，技術革新を実現できる経済であり，これを構築するために，国際社会が国連環境計画（UNEP）のGEI（Green Economy Initiative）に協力貢献することが求められている。

　特に急速に悪化する地球環境に関して，国際社会は地球温暖化効果ガスの規制に腐心している。近年，その規制対象として，モータリゼーションの開発途上国への浸透によるCO_2排出量の激増に憂慮している。EUではガソリン自動車や粒子状物質排出のディーゼル自動車の生産と使用を打ち切り，中国ではガソリン自動車の使用を禁止するところまで計画している。

　東日本大震災の福島原発事故以後，火力発電に頼らざるを得ない日本のエネルギー政策は国際社会の非難の的になっており，グリーン経済に向けた重点政策として，自動車税を梃とする環境対策が展開されている。また，ポスト・フ

クシマ・モデルは原発事故後の復興発展モデルで「原発に頼らない，安全・安心で持続的に発展可能な社会づくり」を目標に掲げるビジョンである。地域の自立・地域内自給を目指す環境創生も世界の模範事例になるのではないかと期待されている。

2　CO_2 の回収貯留

　WMO（World Meteorological Organization）の2016年の報告によると，地球温暖化をもたらす温暖化効果ガスは CO_2（二酸化炭素），CH_4（メタン），N_2O（一酸化窒素）の３種で，CO_2 の濃度は1984年観測開始以降，最高濃度403.3ppmに達している。特に2016年は過去10年間の年平均の1.5倍の増加で１年当たり3.3ppm も上昇させた。温暖化が急速に進展していることは，異常気象現象，集中豪雨，台風・ハリケーンの大型化などで分かる。特に，削減義務を求められない発展途上国の排出量が問題で，中国の CO_2 削減は極めて難しい。

　生態系による CO_2 の吸収は山林火災や焼き畑農業による緑の喪失で急減し，CO_2 の削減には別の方法が模索されなければならない。現在取り組まれているのは，二酸化炭素回収貯留CCS（Carbon dioxide Capture and Storage）と呼ばれる対策である。第12−１図に示されるように CO_2 を再利用したり，地層の空隙に貯留したりする方法で，火力発電などによる CO_2 に有効性が認められる。

第12－1図　CCS　二酸化炭素回収貯留

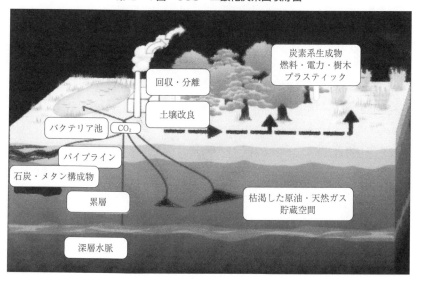

気候変動に関する政府間討論会IPCC（Intergovernmental Panel on Climate Change）の地球シミュレーター予測によると，2100年には地球の平均気温は4.8℃上昇し，それによる海面上昇は最大で82cmである。耕地沈没による穀物等の農産物減収が回避できずに食糧危機が頻発する。この気温上昇を2℃未満にするためには累積CO_2排出量を29,000億トンに抑えなければならないが，既に19,000億トンを排出しているので，現在のペースの排出が続くと，この累積値は2040年には超過してしまう。アフリカ大陸の平均気温は72℃まで上がる。現在でも既に，昼間時の平均気温は56℃程度になっている。

EUは1990年比40％の削減を2050年までに達成するべく努力しているが，気候変動枠組み条約締約国会議COPにおいてCANの化石賞（Fossil of the day）を毎回受賞している日本の対応の遅れが国際的に問題視されている。日本は「原子力ルネサンス」を掲げて2020年までに1990年比20％削減を国際公約としていたが福島原発事故後，逆に10％増加が試算される現状である。

国際公共財である大気汚染・温暖化効果ガスは地球上のどこかで排出量削減

になる対策をとれば，地球環境に貢献できるので，しばらくは中国や東アジア諸国のCO_2削減に協力するとともに，国内の削減主目標を自動車に転換して自動車税を規制課税とする更に強力なグリーン税制への転換を急ぐべきである。

現在，国連の審査を通過したクリーン開発メカニズム（CDM）は，82％が中国関係で，日本の協力は3.5億トンの削減である。費用は1.4兆円程度であるが，この排出量を日本国内で達成するには18兆円が必要となる。中国は発展途上国であるからCO_2削減義務は負わないが，2020年から発効したパリ協定に積極的参加を表明し195カ国がパリ協定にしたがってCO_2削減に努めている。排出量世界第2位のアメリカがトランプ政権のトライバリズムの下で不参加であり，世界を悩ませている。凋落する大国の自国firstには閉口する。

3　goods減税・bads増税

租税には規制的課税や抑制的増税がある。近年，社会的価値財としてのgoodsには減税をして応益課税の負担を軽減するとともに，社会的忌避財としてのbadsには課税による規制をかけようとする，租税による社会改良政策が各国に出てきている。環境税や炭素税が多い。

オーストラリア連邦のたばこ税は2017年から4年連続して増税され，2020年には1箱40.06As\$（3,205円）になった。この差別的租税である奢侈税が価格転嫁されて，タバコは高級嗜好品になったため，健康を損なう危険のある喫煙に国民的ブレーキがかかって喫煙率は30％から15％に低落した。イギリスのタバコにも高率課税がなされていて1箱1,400円である。このような規制的課税は消費者主権に反するし，水平的公平性も認められないが，就学助成給付や学校教育無料化などと類似の発想である。このbads増税によって国民医療費に多少なりとも減少変化が発生したり，自動喫煙のような社会的コストが軽減されたりすれば，意義深い規制的課税になる。

タバコ税は個別消費税で，1,000本あたりで算定される従量税である。国税のたばこ税，たばこ特別税と地方税の道府県たばこ税，市町村たばこ税が課税

されている。たばこ製造業者，たばこ輸入取引業者が納税義務者である。かつ
ては農業部門の相当部分がたばこ栽培農家であったが，嫌煙傾向もあって喫煙
人口は激減した。外国並みの増税にも反対はないが，近年の税収は大きくなく，
地方交付税の原資として法定率分を構成する国税5税からも外された。

4　ピグー課税・補助金 (Pigouvian taxation and bounties)

Arthur Cecil Pigouはイギリスのケンブリッジ大学教授で新古典派経済学者
の代表的存在である。J.M. ケインズと同時代を生きたライバルで，A.
Marshallの後任として31歳の若さで経済学教授に就任し，67歳で門下のD. H.
ローバートソンに跡を託して名誉教授となり，1959年82歳で没した。主著『厚
生経済学』は個人主義的な「経済人」経済学を社会的厚生の経済学に転換した
革命的労作である。

この書によって，現実産出量と理想的産出量との不一致を解消する方法とし
て，課税・補助金政策（「修正された見えざる手」）が提唱され，私益と公益，効
率と福祉の不一致が発生しやすい経済社会の問題がピグー税 (Pigou tax) で調
整されるようになった。次の第12-2表に示す簡単な数値事例で，ピグー税に
よる調整を検討しよう。

第12-2表　ピグー税による調整事例

生　産　量	5,000	6,000	7,000	8,000	9,000
利　　　潤	150	600	720	870	700
外部的損害	100	150	280	460	660
社会的利得	50	450	440	410	40

課　　　税	200	400	600	800	1,000
課税後利潤	▲50	200	120	70	▲300

外部効果を内部化するピグー課税を導入して，社会的な最適生産量6,000ユ
ニットを実現するように政府は税額を決定する。この企業は外部不経済を発生

させ，企業サイドの最適生産量は，上部2行だけの世界で利潤が極大化する8,000ユニットである。生産の私的コストの他に，外部不経済の社会的コストが発生しこの外部的損害はすべて家計部門の負担になっている。企業と家計が構成する社会の純利得を極大化する6,000ユニットが社会的最適生産量である。

　これを実現させるように企業に課税して，外部的損失を負担させることで，政府の課税政策のもとで社会的最適生産量に誘導することができ，最適資源配分を効率的に実現できることになる。

　個々の経済主体間で，市場を経由しない相互の諸影響は，非市場的依存関係で技術的外部性（technological externality）と呼ばれる。この外部性は市場欠落財になる。他方，市場を経由する相互影響は市場的依存関係で金銭的外部性（pecuniary externality）と呼ばれる。生産，消費，投資，賃金など価格メカニズムを通じて影響を及ぼし合う。

　ピグー課税は，外部性のある市場欠落財を課税経路によって市場内部に取り込む処理方法で有効である。しかしながらピグー課税による税収の分配については限定がない。所得再分配はピグー課税の関心事ではない。極端な事例として，この数値事例で発生する税収400を企業投資減税に使用し，外部不経済の元凶を皆絶することは効率的資源配分にならない。不思議な矛盾である。

第12-3図　外部不経済とピグー税

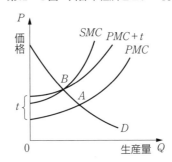

　上図は，外部不経済を発生する産業に関するものである。需要曲線D，私的限界費用曲線PMC，社会的限界費用SMCを生産量Q価格P平面に示している。

需要曲線 D は消費者の限界評価曲線とみなせる。PMC 曲線は産業の供給曲線であり，産業の生産過程で直接的に発生する限界生産費用である。SMC はこの産業の社会に及ぼす外部不経済による損失を生産費用に含めた社会的限界費用曲線である。

社会的最適生産量と均衡価格は，限界評価と社会的限界費用が一致する均衡点 B で決定される。しかし，規制がない場合には，均衡点は A になり，生産は過大になる。ここで，ピグー税を導入し，生産物 1 単位当たり t の課税をすると，PMC 曲線は $PMC+t$ 曲線になって上方シフトし，均衡点 B を実現することができる。社会的費用は内部化されるので，外部不経済発生者に責任を帰す処方箋である。均衡価格は課税 t の一部を転嫁されて上昇するので，間接的には被害者の負担も発生することになる。

逆に，外部経済が発生して生産が社会的最適量を下回っている場合は，生産物 1 単位の増産に補助金を与え，社会的最適生産量を生産できる均衡にシフトさせることができる。

一般に，社会的最適供給量は，私的財も公共財も，社会的限界評価＝限界生産費，の条件を満たすことで決定される。私的財の場合，社会的限界評価曲線（社会的需要曲線）は各個人の需要曲線の数量を加算して導出される。しかし，公共財については等量消費ができるので，各個人の限界評価曲線の評価額を加算して導出する。

5　コースの定理（Coase's theorem）

Ronald Harry Coase は分権的アプローチ派に属し，取引コスト最小化を軸に経済組織と制度を論究したアメリカの経済学者である。1910年ロンドンで生まれ，1951年ロンドン大学博士号を取得後，アメリカに移住してバッファロー大学，ヴァージニア大学，シカゴ大学教授を歴任した。

ピグー税のような政府の干渉がなくても非市場的依存関係に当事者間の人為的市場関係を自発的に創設して，外部効果を市場化できることを主張した。後

に，G. J. スティグラーがこの所説を「コースの定理」と名付けた。1991年にこの定理によりR. H. コースはノーベル経済学賞を受けた。近年における新制度学派経済学の躍進はR. H. コースの貢献が大きい。1986年にノーベル経済学賞に輝いたヴァージニア学派J. M. ブキャナンの影響も当然ながら大きかった。

　簡単な数値例でコースの定理を確認しよう。要約的に言えば，交渉による利益が存在する場合には，当事者間に自発的交渉の動機があり，交渉の利益がなくなるまで，資源配分は変更され，最終的には市場の失敗も解決できることが明らかになる。第12－4表は前掲の外部不経済モデルである。

第12－4表　交渉による資源配分変更事例

生　産　量	Q	5,000	6,000	7,000	8,000	9,000
利　　　潤	π	150	600	720	870	700
外部不経済	e	100	150	280	460	660
社会的利得	w^*	50	450	440	410	40

　企業はQを生産する環境汚染権があれば，利潤極大生産量8,000を生産する。生産量と共に外部不経済の環境汚染は増大する。家計にとっては企業の生産量を6,000に留めて，社会的利得極大を狙いたい。企業が生産量を2,000減らすと利潤は270減少するが，外部不経済は310改善できる。家計には金銭を支払っても生産を減少させようとする動機が存在する。

　どれだけの支払いが発生するのかは相互の交渉力によるので不確定であるが，最適状態に比べて，利潤が620減少し，外部不経済が360改善できる生産量5,000のケースに向けては，家計に交渉の動機が消滅する。

　生産量が1,000単位ごとの変更しかできない場合，生産量7,000のケースへの交渉は，利潤減少150に対して社会的利得増大が180であり，生産量6,000への減少を交渉して家計の負担を更に120増やし，社会的利得を130増やせる状態への交渉動機も残る。更なる交渉の結果，企業の生産量は6,000に減少することになり，外部不経済としての環境汚染は150に封じ込めることができる。こうして社会的利得極大均衡が達成される。

　別のケースとして環境維持権を家計が持っている場合，企業は生産するために家計に環境汚染代価を支払わなければならない。5,000から6,000に生産量を増やすと利潤は450増大し，外部不経済補填代価は50増える。企業には50の代価を支払って，生産量を6,000にする動機が十分に認められる。利潤獲得を目指してさらに7,000に増産すると，利潤は120増えるものの外部不経済代価が130増加する。企業内部の最適生産量8,000の実現には，外部不経済代価がさらに180必要になり，利潤は150増えて870と極大化するが，この増産もメリットがない。したがって企業は増産動機をなくし，社会的利得の極大均衡を実現する生産量6,000で交渉を打ち切る。どちらが費用を負担するかに関係なく，交渉によってパレート効率的資源配分が実現される。

　適切なピグー課税・補助金の運用は現実的には相当に難しい。政府の直接的な介入がなくても，当事者間の人為的市場を形成して交渉させることでパレート最適を実現できるのであれば，政府の役割を小さくし政府の失敗を未然に回避する方が望ましい。

　当事者間に法的な権利関係の優先順位が確定していない場合も多いし，交渉に裁判費用のようなコストがかかる場合もある。外部不経済の及ぶ範囲が広く，公害等の発生源を特定することが難しいケースも多い。コースの定理も万能ではない。市場の失敗を回避できたとしても，社会はまた別の費用を浪費してしまうことになる。

6　グリーン税制化

　グリーン税制化は2012年に始まっている。具体的には，ガソリン，軽油などの自動車燃料系の税制に環境対策を組み込む方法，エネルギー以外の環境汚染物質に個別消費税を拡大課税する方法，環境保全のための環境税を新設する方法がある。

税　　目		主体	課税対象	税　　率	使　　途
エネルギー課税	揮発油税	国	揮発油	48.6円／ℓ （本則：24.3円／ℓ）	一般財源
	地方揮発油税	国		5.2円／ℓ （本則：4.4円／ℓ）	一般財源 （県・市に全額譲与）
	石油ガス税	国	自動車用 石油ガス	17.5円／kg	一般財源 （1／2を県・市に譲与）
	軽油引取税	県	軽油	32.1円／ℓ （本則：15.0円／ℓ）	一般財源
	航空機燃料税	国	航空機燃料	18.0円／ℓ （本則：26.0円／ℓ）	空港整備等
	石油石炭税	国	原油・石油製品，ガス状炭化水素，石炭	原油，石油製品 2.040円／kl LPG，LNG等 1.080円／t 石炭 700円／t	燃料安定供給対策 エネルギー需給構造高度化対策
	地球温暖化対策防止のための特例		CO_2排出量	原油，石油製品 760円／kl LPG，LNG等 780円／t 石炭 670円／t	
	電源開発促進税	国	販売電気	375円／1,000kwh（引下げ中）	電源立地対策，電源利用対策，一般財源
車体課税	自動車重量税	国	自動車		一般財源 （税収407／1.000は市に譲与）
	自動車税	県	自動車		一般財源
	軽自動車税	市	軽自動車		一般財源
	自動車取得税	県	自動車		一般財源

（出所）　内山昭編『財政とは何か』221－222頁。

　グリーン税制化の税制改革はCO_2の排出を抑制するための「地球温暖化対策のための税」が設定され，2012年10月1日から施行されている。化石燃料に広く薄い負担が求められ，付加的に既存の石油石炭税などにCO_2排出量1トン当たり289円になるように税率を上乗せして課税されている。概要は第12－5表に示すとおりである。急激な負担増加を避けて2016年まで段階的に実施され，当初予定されていた最終税率への引上げが完了している。

7　EV（Electric Vehicle）への転換と自動車税改正

　電気モーターで走りCO_2やその他の汚染物質・排気ガスも出さない自動車で，

自動運転機能や自動ブレーキ，踏み違い防止装置などをつけた安全・安心な車がEV車である。2009年から本格的な販売・使用が開始され，2020年には日本のすべての自動車メーカーが独自開発の電気自動車を販売している。インホイールモーター方式の採用により，車内空間はエンジン自動車では不可能な広い構造で異次元空間として使えるようになった。

世界中がガソリン車やディーゼル車を廃絶して電気自動車への転換を急いでいる。電気自動車はエンジンのない車であるから，エンジンの容量別に設定している現行の自動車税では扱えないが，当面，最小ランクのエンジン自動車と解釈して課税している。

自動車のEVへの転換を促進させるために，自動車税の課税主体である都道府県は多額の助成金を給付している。更に次世代エネルギーへの転換を図る国の経済政策上の補助金も付くので，平均400万円程度のEV車は300万円で入手できる。容量の大きな外国車との税額上の差額は年10万円以上になり，電池充電費用だけで走行できるので，年平均40万円程度の化石燃料費がかからない。その他，ブレーキパッド，エンジンオイル，エンジン系のメンテナンスなどが不要であるため，年当たり6～20万円の維持費が不要になる。

充電100％で現在の主力EV 30kw電池搭載車は，400km走行可能であるが，冬場の低気温状態では300km程度である。特に冷暖房を使うと電気の消耗が早く250km位になることも多い。全国の50万箇所以上の年中無休の24時間利用可能な急速充電スポットで充電ができる。月額2千円程度で使い放題である。フル充電に30分かかる。家庭用の200v充電スタンドをメーカー協力で備え付ければ，夜間電力を使って120円ぐらいで4～5時間のフル充電ができる。

電気の特異性で保存ができないので，発電所は常時稼働し続けなければならない。ピーク時利用量を賄える発電をし続け，わずかな蓄電利用量を除けば，ほとんどを未利用のまま放電して捨てている。夜間の余剰電力をEV車が吸収すれば，電力企業にとっても大きな収入になる。原発事故後の処理も進展する。

平成14年度（2002年度）から，ハイブリッド車，および電気自動車を除く排出ガス及び燃費性能の優れた環境負荷の小さい自動車（低公害車）については，

その性能に応じて税を軽減し，新規登録から一定の年数を経過した乗用自動車（事業用乗合バスを除く）の税率を重課する特例措置（いわゆる自動車税のグリーン化，グリーン化特例）が実施されている。さらに，ガソリンエンジン車で13年を経過している車，ディーゼルエンジン車で11年を経過している車は約15%重課（平成26年度までは約10%重課），貨物自動車は約10%重課となった。自家用乗用車の最高税額は126,500円になった。市町村の取り扱う軽自動車についても同様の改正がなされている。

　この「グリーン化税制」は，排ガス性能や燃費の向上による環境保護という名目のもと，経済対策（新車販売の内需回復）が組み込まれており，新車製造に必要な環境負荷や，古い車を廃車にする際の環境負荷，オーナーの燃料消費状況などの事情による環境負荷については，一切考慮されない。但し，重課の条件は初年度登録からの一定年数の経過であるため，世界で長年使用されてきた古い中古車を日本に輸入して登録した場合は，この登録が初回登録となるので，燃費が悪く製造より13年以上経過していても重課対象にはならない。

　耐久性に優れ信頼性の高い日本車は，中古車として世界に輸出されるケースも多いため，「鉄鋼等の原材料を輸入するためにエネルギーを消費し，新車を生産するためにも更にエネルギーを消費し，排ガス性能の低い中古車にエネルギーを消費して海外に送り出しているので，地球規模の環境保護には到底なっていない」という批判もある。なお，現在問題となっている高齢運転者による自動車事故もグリーン化税制によって，使い慣れた車を運転できずに低燃費の最新車に乗る不適応が招いていると主張する人もいる。

　現行の自動車税は第12−6表に示す通りである。地方税法等の改正により，令和元年（2019年）10月1日以降に新車登録される自家用乗用車は税率が若干軽減される。2019年9月30日までに新車登録された自動車に関しては2020年度以降も従来の税率が適用される。

第12−6表　自動車税の改正

自動車税額【乗用車】(単位：円)			
排気量	自　家　用		事業用
	2019年9月30日までの新車登録	2019年10月1日以降の新車登録	
1.0リッター以下	29,500	25,000	7,500
1.0超〜1.5リッター以下	34,500	30,500	8,500
1.5超〜2.0リッター以下	39,500	36,000	9,500
2.0超〜2.5リッター以下	45,000	43,500	13,800
2.5超〜3.0リッター以下	51,000	50,000	15,700
3.0超〜3.5リッター以下	58,000	57,000	17,900
3.5超〜4.0リッター以下	66,500	65,500	20,500
4.0超〜4.5リッター以下	76,500	75,500	23,600
4.5超〜6.0リッター以下	88,000	87,000	27,200
6.0リッター超	111,000	110,000	40,700

　EV車はエンジンがないので1.0ℓ以下の税適用になる。2020年を過ぎると世界はEV車中心のモータリゼーションへと急速に傾斜する。環境汚染，地球温暖化に対する最も効果的な対策は，結局，自動車の抑制である。

　また，車体課税（消費課税関連）の見直しも平成29年度税制改正でなされている。概要は第12−7表の通りである。

第12-7表　燃費性能別優遇税制の対象範囲の拡充

乗用車

		現行		H29.5~H30.4		H30.5~H31.4	
		初回車検	2回目車検	初回車検	2回目車検	初回車検	2回目車検
電気自動車等(注1)		免税	免税	免税	免税	免税	免税
2020年度燃費基準	+50%達成	免税	免税	免税	免税	免税	免税
	+40%達成	免税	免税	免税	免税	免税	
	+30%達成	免税	免税	免税		▲75%軽減	
	+20%達成	免税	免税	▲75%軽減		▲75%軽減	
	+10%達成	▲75%軽減		▲50%軽減		▲50%軽減	
	達成	▲50%軽減		▲25%軽減		▲25%軽減	
2015年度燃費基準	+10%達成	▲25%軽減		▲25%軽減		(本則)(注2)	
	+5%達成	▲25%軽減		(本則)(注2)			
	達成	(本則)					

(注1) 電気自動車、燃料電池自動車、プラグインハイブリッド自動車、クリーンディーゼル車、天然ガス自動車。
(注2) 経過措置として、H29.5~H30.4の間は、2015年度燃費基準＋5%達成しているガソリン車（ハイブリッド車、軽自動車除く。新車。以下同じ。）に本則税率を適用します。また、H30.5~H31.4の間は、2015年度燃費基準＋10%を達成しているガソリン車に本則税率を適用します。
(注3) H29.5~H30.4の間に車検証の交付等を受ける場合、2015年度燃費基準＋10%を達成している車には本則税率を適用します。また、H30.5~H31.4の間に車検証の交付等を受ける場合、2020年度燃費基準を達成している車には本則税率を適用します。
(注4) ガソリン車、ハイブリッド車及び軽自動車は、いずれも平成17年排出ガス基準75%低減車（☆☆☆☆）又は平成30年排出ガス基準50%低減車に限ります。

（出所）　財務省『平成29年度税制改正』平成29年，13頁。

8　エネルギー再編

　EVへの転換と共に，日本の現在のエネルギー転換を再編成して臨まなければならない。新しいエネルギー・ミックスをどのように構成して，脱炭素化，低炭素化を図るかが世界の注視するところとなっている。

　もう化石賞は要らない。地球温暖化効果ガス規制は国際公共財になっている。2014年に政府が試算した電源別の発電コストは，電力1kw時当たりで，原子力（8.9円），石炭火力（9.5円），液化天然ガス（LNG）火力（10.7円），石油火力（20.8円），家庭用太陽光（38.3円），陸上風力（17.3円）であった。

　安全に利用できるはずだった原子力発電も災害に被災して事故が起こると簡単に廃炉というわけにはいかない。ゴミとしての使用済み核燃料や放射能汚染された様々な物質の処理と廃棄に莫大な費用と60年もの長い時間経過が必要になる。次々に発生する原発ゴミの貯蔵にも巨額のコストがかかる。自然再生エネルギーは容量的に大規模発電に成りにくく，火力は低価格石炭の利用で重油発電の40%程度のコストで発電できるが，それでも14円ぐらいになる。この種

の石炭は水分が多く従来の技術では用途がなかった褐炭が主である。低炭素社会を構築するには，不向きな安いエネルギーと考えなければならない。

　海上風力発電はフロート・タイプの回転風車を用いると15.6円程度にはなるが，高価格石炭による火力発電の方がコスト面では優れていると言える。しかし，東日本大震災後の重油発電のための重油利用は，前年比で88％も増えて1,000万トンを超えている。このような雑然としたエネルギー・ミックス体制は，すぐにでもリセットして将来方針をしっかり設定した上で，着実な転換計画の中でエネルギー再編に取り組まなければならない。そろそろ，大震災後の混乱を理由にできる時間帯を経過しつつある。

　中華人民共和国やEU諸国に比べて，自動車のEV化への法的整備が遅れている。5年以内の転換誘導を図るべきである。電気は常温超電導技術がない現在時点では，夜間電力が放電・未利用廃棄処理である。電気の特質上ピーク時必要量を常時発電し続けなければならない。この有り余る夜間電力を効率的にEV車充電に使うならば，電力企業の収益構造は計り知れないほど改善される。

　原発事故後の処理にも，将来的な原発の安全性増強設備の新規設営にも余剰資金を充てることができる。石油産業，ガソリンスタンドなどの衰退は回避できないが，5年間の移行期間の間に電気スタンド化し，石油産業は第二，第三の電力販売産業に転換できれば，産業交替期の混乱や雇用変動はかなり緩和される。

　電力需要はガソリン需要以上に膨らみ，災害時には臨時電源や一時避難場所としても利用できる。可燃性の強いガソリンを都心部に抱える都市構造を，はるかに安全な防火体制が敷ける都市構造に変換できる。

　発電体制として，分散型エネルギーシステムが望ましい。スマートグリッドも環境未来都市構想で実験が進展しているし，グリーン電力の普及にも余剰資金を利用することができる。特に，豊かな社会の特徴である大量廃棄物を利用して，バイオマス発電やバイナリー発電の利用を拡大し，火山・地震大国として温泉熱水の有効利用も進展させる。

　原子力に拘るエネルギー政策は無意味である。臨機に方針転換する勇気ある

決断は，一時の後退があってもすぐに計画進捗ペースを取り戻すことができる。難しい原子力発電の継続を前提に未来像を検討するということでは，可能性の多くを考慮外に置くことになる。

　食糧もエネルギーも自給率が低い経済大国日本では，人も産業も飛躍できない。日本の抱える「眠れる未利用資源」を活用して，再生自然エネルギー大国へと脱皮する必要がある。

　IEAの見通しでは，石炭は122年，石油42年，ウラン可採100年，天然ガス60年，で枯渇すると予測されている。明治時代から，もう既に100年以上経っている。瞬く間に，現代の依存エネルギー源が枯渇する。他方で2030年までには途上国の電力需要が急増して，2007年実績の1.8倍の電力消費になり，石油換算で120億トンから219億トンに増加すると見込まれている。メタンハイドレートも，シェールガスも，タイトサンドガスも100年もたない。本当のエネルギー政策とは何かを再度検討して時間視野を定め，なすべき英断を急がなければならない。

【参考文献】
・　日本租税理論学会『環境問題と租税』法律文化社，2001年。
・　環境庁『環境白書』ぎょうせい，各年度版。
・　内山昭編『財政とは何か』税務経理協会，平成29年。
・　OECD, "Towards Green Growth," *OECD Report*, 2011.
・　環境省「地球温暖化対策のための税の導入」2016年。
・　財務省『平成29年度税制改革』平成29年。

第13章　ストック経済の資産税

1　flowからstockへ

　世界第3位の経済大国になった日本は，フローを中心とする経済からストックを中心とする資産経済へと変貌している。もちろん，フローの所得流量の重要性が無くなったわけではないが，固定資産，動産，金融資産などのストックが人々の経済基盤を支える枢要な要素として重要性を増している成熟経済状態になっているという意味である。

　国税も地方税も，成長経済のフロー課税を主としている税制であるので，経済体質の変貌に適応できる，ストック経済の税制へと転換しなければならない。つまり，所得課税・消費課税から資産課税へという転換である。

　資産課税として，国税の相続税，贈与税，地価税，登録免許税，印紙税，道府県税の不動産取得税，市町村税の固定資産税，都市計画税，特別土地保有税，事業所税等があるが，この種の税目を多くして，同時に地方税の占有ウェイトを上げる税制改正が望ましい。少子高齢化の急進展とともに所得税の将来動向も懸念されるからである。

　国税の相続税は改正されたが，更にもう一段の増課税も検討の余地があるし，道府県相続税や市町村贈与税などの新設も必要である。地価税の課税停止に続き，平成15年度（2003年度）からは特別土地保有税の課税も停止されているので，固定資産保有税などの財産税も検討すべきである。その増課税の見返りとして，所得課税や消費課税は相当な軽減措置を施さなければならない。低額の年金だけで困窮している高齢世帯や低賃金により隠れ貧困者になっている若者世代にとって，年金フローや毎日の消費に過剰な租税負担があることは生活の

質を著しく損なう結果に繋がるからである。

2　相続税の改正

　相続税の大きな役割は，生まれながらの経済状態の不平等格差を是正することである。資産化した財産を再度フロー化して，相続税を納付させるとともに相続税収の再分配を通じて，世代にわたる分配の格差を均霑化する機能がある。一般的な富裕税については，シャウプ勧告後の日本でも昭和25年度から３年間導入された歴史がある。500万円以上の純資産の所有者が納税義務者で，税率は0.5％〜３％であった。当時の資産登録状況では捕捉が困難であり，資産の評価算定も難しかったので短命に終わった。

　将来的に都道府県の地方税として相続税を課税し，都道府県交付金の原資などに用いて市町村を支援すれば，地方税体系の税源配分を部分的ながら改善できる。資産はフローの所得に比べて，短期においては安定的で地方財源としては望ましい。所得税を補完する役割も果たせる。資産は稼得所得よりもより恒久的な担税力であり，分離課税などの課税対象にもなるが，少子高齢化による所得税収の減収に備えて検討すべき税目であろう。

　第13−１図は平成25年改正後の現行相続税の概要である。この改正は平成27年以降施行されている。同時に相続税を補完する贈与税についても改正がなされ，相続時精算課税制度の新設も見ている。

第13－1表　相続税の概要

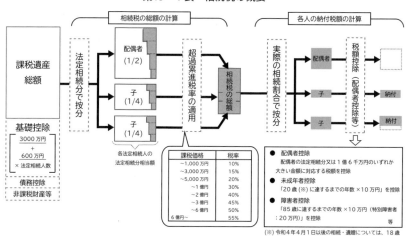

（出所）　財務省『もっと知りたい税のこと』令和2年6月。

　成人の年齢が引き下げられる令和4年度（2022年度）からは18歳未満が未成
年者となるので，未成年者控除も原則的に減額する。

　近年の相続税の動向は第13－2図に示されるとおりである。間もなく団塊世
代の資産相続期になるので，地方財政の累積債務を相続税収の増収によってカ
バーできればプライマリー・バランスを黒字化する可能性は強化される。バブ
ル後の日本経済の脆弱化で資産形成が停滞し，高齢化率の高まりの中で相続件
数も大きな変動がなかったので，相続税収は逓減傾向を示しているが，直近の
5～6年は増勢が認められる。老後20年間のための年金・資産不足が指摘され
ているので，生前贈与の活用も含めて資産形成を支持できる地方税体系が望ま
れる。また，相続税の根本的な立場として資産の再分配よりも，生活主体の相
続者たちの所得・資産状況に対応的な累進課税でなくてはならない。被相続人
の所有資産の規模に対応的な現行の相続税部分についても検討しなければなら
ない。応益原則による課税は「遺贈者の最期の租税」と解釈される。「遺産取
得者の最初の租税」と見なした方が良いという見解もある。

第13－2図　相続税収等の推移

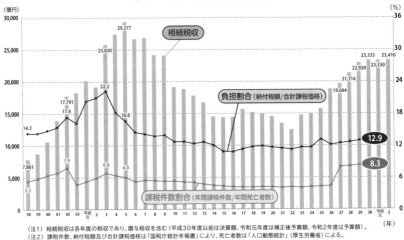

（注1）相続税収は各年度の税収であり、贈与税収を含む（平成30年度以前は決算額、令和元年度は補正後予算額、令和2年度は予算額）。
（注2）課税件数、納付税額及び合計課税価格は「国税庁統計年報書」により、死亡者数は「人口動態統計」（厚生労働省）による。

（出所）　財務省『もっと知りたい税のこと』令和2年6月。

　相続税の捉え方は，これまでの相続税の改正を追跡すると明確に浮上してくる。第13－3図は相続税の税率改正と基礎控除改正を時系列的に比較したものである。

第13－3図　相続税の改正の推移

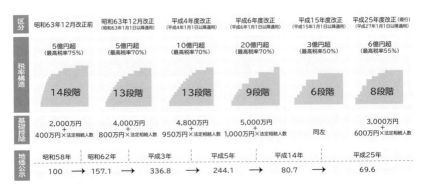

（出所）　財務省『もっと知りたい税のこと』令和2年6月。

188

　明らかに，遺産取得課税方式を基本としながらも，遺産課税方式も加味した中途半端な課税になっている。近年の改正は，相対的に遺産課税に傾いている。恐らく，徴税しやすさの観点から控除項目を減らしているので，遺産規模への依存の強い租税になっている。わが国では大きな遺産は珍しい現象であったからかもしれない。現在では，まさに日本経済は本格的にストック経済化しているので，ある程度の大規模遺産は日常的に発生する。控除を増額し，相続を簡素化し，遺産取得課税方式を主にする改正の方が望ましい。

　資産形成の遺贈者は生前に既に応益性原則に則して納税義務を果たしている。したがって，遺贈規模によらず，相続人の経済状態に依存した遺産取得課税方式に統一すべきであろう。租税には死者の関与はない方が良い。

　相続税の遺産課税方式は「繰り延べされた富裕税」の性格がある。そこで，富裕税や財産税の希薄な租税体系をとる国は相続税が重課になり，富裕税の高いドイツなどでは相続税が低率である。ドイツの相続税は州税で市町村税の不動産税や州税の不動産取得税の方が高い。

　資産課税は，資産面の所有と遺贈の2側面でうまくバランスをとることが必要になる。ストック経済にはなったが，税制はフロー経済適応型のままでは，制度疲労が目に見えている。

　実質的に平成10年度から凍結されている地価税は平成3年度に新設された国税の資産課税である。経済体質の変化に伴って，休眠中の資産課税を目覚めさせる税制改革も必要かもしれない。

3　富裕税（net-worth tax）

　EU諸国，南アメリカ諸国，インド，スリランカなど世界で広く採用されている税が富裕税で，この税の特徴として，次の5点が指摘されている。
① 資産全般に課税される一般税で，特定資産だけを対象とする部分税ではない。
② 課税対象は純資産もしくは資産純増分で，負債は控除される。

③ 資産の源泉は考慮外であり，勤労による資産だけでなく，贈与，相続，寄附などの不労による資産も課税客体である。

④ 毎年課税される規則性のある税である。

⑤ 一定時点における資産所有に対して課税される。

　所得 Y と資産 W との間には，利潤率 r を用いれば，$Y = rW$ の関係が成立し，所得と資産とは課税標準として相互に代替的である。所得増加によるブラケット・クリープによって累進課税がなされるとスタビライザー効果以外にも累進所得税の好ましくない諸効果が発生する可能性がある。例えば，企業投資の繰り延べ，労働意欲の喪失，余暇の不適切な増大などである。

　そこで，所得増加分には課税せず，純資産総額に課税する富裕税を導入すれば，累進課税制度が内包すると予測される限界的諸調整の不適切な部分を回避することができる。

4　資 産 課 税

　資産課税による税収規模は各国とも大きくはない。OECD 37カ国の近年の平均では1.8％程度である。高いイギリスでも3.9％，フランス3.8％，アメリカ2.9％で，日本は2.7％で比較的大きい規模である。これは地方税の不動産税である固定資産税の役割が大きいからである。経常的な資産税や財産税は世界的に減少傾向にある。ルクセンブルク，フランス，スイス，ベルギー，ノルウェイ等のヨーロッパ諸国が採用している。

　財産増価税（property increment tax）は，財産の市場価値の増価に対して，実現した時点，あるいは実現・未実現を問わずに課税する所得税であり，基本的には富裕税やキャピタル・ゲイン課税と同類である。未実現であってもそれを含めて課税される事例が，イギリスの土地増価税である。

　ストック経済化が定着しつつある日本の税制としては検討すべき税目である。資産課税は応益性原則に基づく課税であり，固定資産税と都市計画税で地方税収の50％を占めるので，地方財政にとっては不可欠な基幹税目である。

　歴史的には，シャウプ勧告による富裕税の他に，昭和21年度（1946年度）の財産税の経験がある。これは一回限りの純資産税で，財産10万円以上の所有世帯に25％から90％の累進課税を実施した。当時の財産所有世帯の3.2％が納税義務をもつことになり，平均負担率は32％に昇った。物納を含む435億円の税収があった。この財産税で，旧華族や農地貸与業の寄生地主の没落を招いた。高率の資産課税は生まれながらの資産格差の是正には大きな効果を収めた。

　近年の経済状態で，この資産課税を適用すると，１兆6,800億円程度の税収が見込める。基礎控除額を４億円程度に置き，軽度の累進税率0.4〜2.4％を設定する。総資産1,000兆円の日本経済にとって，富の配分格差は拡大している。これらの総富が６％の人々の保有になっているので，大企業の役員報酬やプロスポーツの選手の年俸などを考慮して，資産家層は平均14億円の資産を保有していると推定される。資産家層の富所有額は増価し，伸張性がある。

　フローの所得格差が財政の再分配機能による是正では響かないほどに拡大傾向にある現在の日本経済社会にあって，消費課税の限界と痛税感は想定以上に国民生活を苦しめている。starting equalizingを図る意味でも，財産税は導入される必要がある。宝くじの一等賞金でさえも７億円の時代に，応益性原則に則って，所得税の限界を補完する資産課税を計画すべき段階に入ったと考えなければならない。

　激甚化する大型災害と未知のウィルス災禍に備えて，災害課税として富裕層の寄附的な貢献を頼んで，財産税負担を受け入れる社会的合意は大きいはずである。また，社会保障関連分野の政府支出増加が年度当たり１兆円増を見込まれている情勢であるから，消費課税にだけに税収増を期待し，あるいは増税の対象として考えていくことには自ら限界がある。

　持続可能な租税国家は，すべての国民が担税力に応じて社会に貢献していくことで構築されなければならない。

　次の第13−４表は，先進８カ国の所得分配格差に関するOECDの報告である。当初所得の分配格差が最大のイギリスは，租税措置による再分配機能で相当程度の是正ができているが，日本では失敗している。これは相対的に低所得者層

が多数であり，basic incomeのような給付システムがないためである。

第13-4表　先進8カ国の所得再分配

	ジニ係数（2009年）		相対的貧困率（2010年）	
	当初所得	可処分所得	当初所得	可処分所得
スウェーデン	0.444	0.269	27.8%	9.1%
デンマーク	0.408	0.238	24.4	6.0
フランス	0.493	0.293	34.7	7.9
ドイツ	0.493	0.288	32.8	8.8
イギリス	0.519	0.345	31.9	10.0
アメリカ	0.499	0.380	28.4	17.4
オーストラリア	0.469	0.334	27.3	14.4
日本	0.488	0.336	32.0	16.0

（出所）　OECD, *Income Distribution and Poverty*, 2014.

また，相対的貧困度が極めて高いことが目立つ。一般に貧困層は中位所得水準の半分以下の所得層を指すが，大部分が若年層や女性勤労者である。ジニ係数は1に近づくほど格差が広がっていることを示す。理想値は0.22程度の不平等度と考えられている。再分配所得のジニ係数是正は租税によるものが5.8%にすぎず，大部分の是正は社会保障による改善で28.6%の是正に及ぶ。

「80・50問題」になっているような親依存型の若者世代の貧困が痛ましい。高齢化した80代の親が50代の子供を支え続け，それが常態化しているので，特殊詐欺の「息子からの電話」で金を融通してしまう親の悲劇が蔓延する。

このような財政制度の無力化は，税制そのものが「財政によるかき回し」をしているに過ぎないことを意味する。かつてJ. M. ケインズの裁量的財政政策による景気対策はfine churning（美しき微調整）と呼ばれたが，時代に遅れがちな現代の税制はfiscal churningをして，中間層と貧困層から徴税し，その税収を国民各層に配分し，「かき回し」しているだけでしかない。

鹿の子模様のように毎年の税制改正による目まぐるしい変更に頼ることなく，財政の王道から持続可能な租税国家の構築に向かっていかなければならない。それは，結局，国民を貧困から救済することである。

【参考文献】

- Johansen, L., *Offentlig Økonomikk*, Oslo University Press, 1962－8.（宇田川璋仁訳『公共経済学』好学社，昭和45年）
- 関野満夫『財政学』税務経理協会，平成28年。
- 半谷俊彦「ドイツの連邦財政調整制度について」PDF，2015。
- 大蔵省財政史室『昭和財政史』第 7 巻，東洋経済新報社，1977年。

第14章　現代貨幣理論

1　MMT（Modern Money Theory）の観点

　現代貨幣理論という新理論が注目を浴びている。日本の近年の財政状況を好例として，累積債務や地方債の借金は，問題視しなくても良いと主張する。この理論によれば，累積債務を解消するために緊縮財政に努め，行財政改革をする必要がないことになる。

　主唱者のL. R. レイ[1]によると，マネーとは債務（Debt）のことであり，MMTの理論では金融資産のことである。経済学通論で扱うマネーは，この中で一般的受容性の強い紙幣や銀行を通じた決済に使われる預金であると整理しておけば，MMTと経済学通論とを共通の枠組みで比較することができる。

　この理論は不確実性を主軸として経済学を再構成するポスト・ケインズ派の一里塚的理論で，A. P. ラーナーの機能的財政論に立脚している。また古くはG. F. クナップの貨幣表券説の系譜を引いているので，新表券主義Neo-Chartalismとも呼ばれる。

　これまでの経済学では，政府の累積債務が拡大すると，利子率が上昇して景気後退を招くと考えられた。MMTはこの経絡を限定せず，景気後退が起こらない場合もあると主張する。すなわち，自国通貨建ての国債ではインフレ圧力だけが問題で，インフレ率が安定的に沈静していれば対策は必要ではない。政府は将来の支払いに無制限な支払い能力があり，債務不履行は発生しない。ただし，この事情は，アメリカのような機軸通貨国や日本のような外国人保有率が低く自国民が国債のほとんどを保有している国に当てはまるにすぎない。

　ギリシャのようにEUユーロを用いて自国通貨を発行できない国ではこの理

論が成り立たない。貨幣大権を保有する国は中央銀行がマネー・ストックを増加させて政府支出の膨張を賄うことは原理的に可能である。

　貨幣が貴金属通貨である場合は，貨幣大権が貴金属保有量によって制限される。これは金属主義である。しかし，管理通貨体制下で，不換貨幣（紙幣）の独占的供給者である政府は，どのような形態の貨幣も，任意の貨幣単位の貨幣も発行できる。これが政府の無制限な資金提供能力である。そのため，政府の超過債務がデフォルトを引き起こすことはない。

　国債発行と共に他方で増大するマネー・ストックは，国民経済の貨幣需要の増加によって吸収され，納税，ライセンス料，各種料金，罰金，などの貨幣需要が創出される。課税水準は政府の政策事項であり，活動資金である税収拡大の手段というよりも他の様々な政策のための手段である。公的な雇用保障プログラムなどを組み合わせて，インフレーションと失業率を操作していくことができる。L. R. レイは，MMT理論の適合範囲が狭いことも認めている。

　G. F. クナップの貨幣表券説は，金属主義の考え方に異論を投じ，通貨は「法による創造物」であり，国家は単なる紙を通貨として創造でき，一般受容性がある限り，これが法定通貨として商品と交換可能となると説く。貨幣国定説あるいは貨幣表券説と呼ばれる。MMTはこの理論的流れに属している。

2　MMTの解析

　MMTは萌芽期の初発的理論であるので，明確な体系はない。無体化傾向の中で現代の貨幣は実態がなく，旧来の貴金属貨幣ではなくなっていることを意識してModern Moneyとしている。

　マネー・ストックが増大すると，マーシャルのkを用いるケンブリッジ方程式でも，フィッシャーの交換方程式でも，$PY = MV$という基本方程式に立脚するので，実物生産量Yと貨幣の流通速度Vが変化しない限り，物価水準Pとマネー・ストックMとは同調して動き，通常はインフレーションになる。この単純な貨幣数量説をMMTは否定する。

　MMTのMoneyはマネー・ストックではなく債務（Debt）である。ここに重要な中核的理論として，会計的諸関係が持ち出される。家計，企業，政府，国際という３経済主体４部門経済を想定する理論世界では，フローとストックとに次のような恒等的関係が成立している。

(1)　｛(家計貯蓄 − 家計投資) + (企業貯蓄 − 企業投資) + (政府貯蓄 − 政府投資)
　　　+ (輸出等 − 輸入等)｝ = 0

(2)　｛(家計の純金融資産) + (企業の純金融資産) + (政府の純金融資産)
　　　+ (海外の純金融資産)｝ = 0

　恒等式(1)はフロー量について，恒等式(2)はストック量について成り立つ。純金融資産とは，各部門内の金融資産と負債との差し引き残高（balance）である。一般的には中央銀行の銀行券である貨幣が決済手段であるが，現代の実態は様々な決済手段によってなされている。結局，複式簿記に記録された貸方・借方は均等する。そこで，どちらの恒等式でも，各部門ごとに発生する可能性のある差額（バランス）は，国民経済全体としては零和になり均等しているはずである。

　財政赤字が膨らむ場合は，他の部門のどこかに黒字が膨らんでいることになる。政府の累積債務が減少するならば，他のどこかの部門の金融資産残高が減少あるいは赤字になっていることになる。政府部門と貿易収支に赤字が出れば私経済部門の黒字でカバーすればよいし，政府の国有財産処理というストック決済の手立てもある。貨幣が多様化して決済手段が多岐に亘っている現代社会では，単純なマネー・ストックの影響としてインフレだけが発現形態になるのではない。

　財政赤字を膨らませる景気対策は，トリクルダウン効果（trickle-down effect）による浸透が発生するとは限らないと指摘し，やはりインフレ懸念は残る。財政赤字は通貨膨張が唯一の受け手になってしまう数量説世界ではなく，実質的な生産活動への誘導がアンカーとして機能することで，通貨価値は急変を免れ，インフレの昂進は起こりにくいと主張する。

　乗数波及過程で，貨幣の退蔵や波及の時間的遅滞が起きると総需要喚起政策

は十分な効果を出せないが，理論世界のように無時間的全量波及が実現すれば，ケインズ型の裁量的財政政策の効果は想定通りに実現し，インフレは起きないまま，有効な景気対策として機能する。

政府部門の累積債務が管理通貨制度のもとで，中央銀行のシニョレッジとの相殺関係にあるならば，しかも日本のように国債のほとんどが私経済部門の金融資産として保有されている場合は，政府部門の赤字は，会計学的世界では全く問題にならない。必ず他のどこかの部門に吸収される。

MMTは，貨幣現象の多様化という現代社会の実態に立って，貨幣の多様化を超える単純なバランス理論を提示している。十分な彫琢を経た理論ではないので，鵜呑みにした累積債務への無警戒は慎まなければならない。

3　FTPL（Fiscal Theory of Price level）物価の財政理論

近年の財政理論の展開の中で，もう一つ注目すべき理論がある。いわゆるC. A. Simsによる物価理論[2]で，このFTPL理論によると，物価は貨幣関係のフィッシャー方程式で決定されるのではなく，財政状況を反映して決定される。デフレ経済からの脱却には，金融政策アプローチは効果がなく，累積債務や赤字国債などの財政状態が物価を決め，デフレを持続させていると説く。

中央政府と中央銀行が連結決算をすると，政府債務は国債発行残高になり，中央銀行のマネタリー・ベース（金融機関手元資金量）が負債であるので，両者のバランスシートを加算すれば，民間保有の国債残高とマネタリー・ベースとが残る。この負債と資産の均衡を取るのが物価水準である。

デフレに悩まされた日本経済が，デフレ脱却を図るには，金融政策ではなく，財政政策が要る。キャッシュレスの現代では，シニョレッジはゼロの場合もあるが，その場合でも，物価水準の調整で基礎的財政収支は実現することになる。

この理論の主張通りならば，財政赤字は何の問題もなく無視できる。財政再建の努力は要らない。人々はひたすら選出した政府を信任し，増税がないと思い込み，財政破綻やデフォルトの危険は無いと信頼し尽くしていれば，そして，

国の借金など無関係に享楽的な消費に耽れば財政収支の均衡が図れると主張する。A. スミスが見えざる手の調整と述べたような世界がFTPLの世界であり，ノーベル賞まで与えられた。次節で数学的なモデルを用いて考えよう。

4　統合予算制約式

「物価の財政理論」が立脚する予算制約は，中央政府と中央銀行の予算を統合した統合予算制約であり，次式[3]で示すことができる。

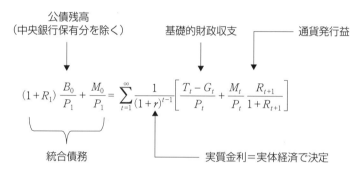

ノーテーションは，次の通りである。Pは物価水準，Bは公債残高市中消化分，Mはマネタリー・ベース（金融機関手元資金量），Rは名目利子率，Tは租税，Gは政府支出，rは一定の実質金利（時間割引率），$t+1$時点までの時間視野，脚添え字 0 は初期時点，1 は現在時点，である。初期時点及び現在時点の諸変数の値は既知である。

この統合予算制約式を見ると，現在時点の累積債務の実質額が左辺である。右辺は，将来時点 $t+1$ 時点までの実質プライマリー・バランス（基礎的財政収支）と通貨発行差益（seigniorageシニョレッジ）の合計額である。実質金利を用いて右辺全体の累積債務総額の現在価値としている。通貨発行差益は中央銀行の利益の大部分を占めている。例えば，日本銀行は紙代と印刷費と透かし加工費などで 1 万円札 1 枚を製造コスト25.5円で作成する。これを 1 万円で流通させているので9,974.5円が 1 万円札 1 枚当たりの発行差益である。紙幣は管理

通貨で無制限法貨・完全法貨であるが，補助貨幣で制限法貨・不完全法貨の鋳貨である硬貨の中には1円硬貨のように，シニョレッジ[4]がマイナスになるものがある。

　現在時点から$t+1$時点までの毎年の財政収支と通貨発行によって国債を買い入れることで節約できる国債利子の総累計の現在価値が，通貨流通量と政府保有の国債等の残高と均等するという意味である。

　現行のようにゼロ金利政策をとっても，Rはマイナスになることはなくゼロである。Mは中央銀行が保有するマネタリー・ベースの裏付けとなる国債である。右辺はすべて将来時点の期待値である。

　結局，物価水準だけが調整変数で変動し，将来時点の財政収支に関する期待が現在時点の物価を動かすことになる。将来期待には前提があり，増税はないという期待である。財政欠陥の責任はどこにも発生せず，累積債務で経済が活性化し，経済成長が増進すれば，消費も投資も増大し，財政欠陥は早晩解消されていく。

　デフレ脱却には，緊縮財政よりも，増税はしないという公約が有効であり，また通貨膨張があってもインフレ期待には結びつかないという人々の確信がなければならない。理論はいつも厳しい前提条件に保護されている。

　新しい理論世界の楽観主義は別として，我々は悲観の中に光を求める行財政改革を議論しなければならない。現在の経済社会では，結局，貨幣が理論通りの働きをしないまま休眠してしまって特殊な環境になっているに過ぎない。仮想通貨のような暗号資産が出現し，無体化が深化すると，貨幣は本来の役割をますます果たしにくくなってしまい，理論から遠ざかっていくとも考えられる。

【注】
(1)　Wray, L. Randall, *Modern Money Theory : A Primer on Macroeconomics for Sovereign Monetary Systems*, Palgrave Macmillan, Kindle Edition, 2012.
(2)　Sims, C .A., "A Simple Model for Study of the Determination of the Price Level and the Interaction of Monetary and Fiscal Policy," *Economic Theory*, Vol. 4, No. 3, 1994, pp. 381 – 399.

⑶　佐藤主光「財政再建に奇策はあるか？　シムズ理論等の外観」『経済のプリズム』No.163，2017年，31頁。
⑷　シニョレッジは推計原価で算出している。原価は5,000円札19.5円，1,000円札10.4円，1円硬貨1.8円，5円硬貨2.3円，10円硬貨3.6円，50円硬貨8.7円，500円硬貨64.5円程度である。

【参考文献】

・　総務省『地方財政白書』平成31年版。
・　『経済のプリズム』No.163，2017年12月。
・　佐藤主光『地方財政論入門』新世社，2009年。
・　小寺剛・出水友貴「物価水準の財政理論と政策に関する諸理論」『ファイナンス』2017年12月，42−48頁。

第15章　令和の税と財政再建

1　令和の税

　社会の構造変化を踏まえて，租税体制も変革を迫られている。政府税制調査会が令和元年9月にまとめた「令和時代の税制のあり方」が答申されている。第15-1表にこれを示そう。

第15-1表　相続税の概要

経済社会の構造変化		
人口減少・少子高齢化	働き方やライフコースの多様化	グローバル化の進展
	経済のデジタル化	財政の構造的な悪化

令和時代の税制のあり方	
人口減少・少子高齢化への対応	● 専ら勤労世代に負担増を求めていくことは自ずと限界がある。グローバル化が進む中、企業負担については国際競争力への影響も考慮する必要がある。 ● 消費税は、国民が幅広く負担を分かち合う。所得に逆進的との指摘がある一方、投資、生産、国際競争力、勤労意欲への影響や税収変動が小さい。 ● 全世代型社会保障の構築に向け消費税率が10%に引上げ。人口減少・少子高齢化とグローバル化が進む中、消費税の役割が一層重要になっている。
働き方やライフコースの多様化等への対応	● 個人所得課税については、働き方の違いによって不利に扱われることのない、個人の選択に中立的な税制に向け、再分配機能の適切な発揮といった観点も踏まえながら、諸控除の更なる見直しを進める必要がある。 ● 企業年金・個人年金に関する税制については、働き方の違いにより有利・不利が生じない税制のあり方や、拠出・運用・給付の各段階を通じた適正な税負担等について、検討する必要がある。 ● 資産課税については、「老老相続」が増加し、若い世代への資産移転が進みにくくなる中、相続税と贈与税をより一体的に捉え、格差固定化を防ぎつつ、資産移転の時期の選択に中立的な税制の構築を検討する必要がある。
経済のグローバル化やデジタル化等への対応	● 法人課税については、国際競争力への影響の観点から、新しい産業や事業が興りやすく新規開業が行われやすい環境の整備に資する税制の構築が必要である。 ● 経済のデジタル化に伴う国際課税上の課題への対応については、国際的な合意に基づく協調した対応策をとることが重要である。 ● 連結納税制度については、制度の簡素化により企業の事務負担を軽減する必要。 ● エネルギー・自動車関係諸税は中長期的な視点に立って検討を行う必要がある。
デジタル時代における納税環境の整備と適正・公平な課税の実現	● 税務関係手続を大胆に見直し、ICTの活用による納税者の利便性向上を図るとともに、適正・公平な課税を実現する仕組みの検討を進めることが重要である。 ● 国民一人ひとりが社会を支える税のあり方について主体的に考え、納得感を持つことができるよう、税に対する国民の理解を深めていく必要がある。
持続可能な地方財政基盤の構築	● 地方税の充実確保を図るとともに、税源の偏在性が小さく税収が安定的な地方税体系を構築する必要がある。

（出所）　財務省『もっと知りたい税のこと』令和2年6月。

消費税への傾斜やグリーン税制化，エネルギー再編，資産課税のウェイト変更などを盛り込んでいる。こうした税制改正の方向性を確立したうえで応分の負担分任を求めていくことになる。

2　New Public Management (NPM)

New Public Managementという新潮流が地方財政の一つの方向転換を促進させる考えとして導入された。一般的に公共経営と呼ばれる手法は，成果指向型行政経営と同義である。民営化，民間委託，外部化（執行代理人），PFIなどの市場メカニズムを活用するシステムを使って，公共部門の減量とサービス向上を図る手法として注目されている。具体的には，民間企業の経営理念や手法，成功事例などを公共部門に取り入れて，行政の地域経営能力を強化し，行政のスリム化や見える化を図って効率化と活性化を高め，説明責任を透明に分かり易くしようとする方策である。

1980年代にイギリスのM. サッチャー首相の改革が嚆矢となった行政改革施策の総称がNPMである。公共部門の執行権限を外部代理人に移譲し，顧客である国民の顧客満足度を高めることが基準となった。競争原理を導入し，政策の立案と実施を分離し，成果の事後評価を取り入れることなどが特徴である。改革当初，刑務所のケータリング・サービスをホテルに移譲して話題になった。

NPMの考え方として，ウェストミンスター・モデルと北欧型モデルとがある。Westminster systemは，議院内閣制と行政執行を行う政治的に中立な官僚機構とを組み合わせたシステムで，イギリス型議会政治モデルである。

P. オーコイン（Peter Aucoin）の研究[1]によると，公共部門の経営には5つの条件が必要である。それらは，①政策企画及び執行に係る責任の分離，②閣僚と執行庁長との間の契約的関係，③執行管理に係る権限の委譲，④厳格な業績管理システム，⑤強固な説明責任制度である。

他方，スウェーデン，ノルウェーで採用されている北欧型モデルは，公共部門の変革に関して，組織文化の役割を重視するモデルで，内部組織改革が中心

である。組織内での業績・成果に応じてマネジメント，エージェンシー，内部市場メカニズムなどを活用して「契約的取引」へ変革していく方向性を取る。内発的な発展・学習効果によって組織変革をする。また広範な地方分権化と権限の委譲を前提として業績・成果の改善を推進する。変革はボトム・アップ型で，改革テンポは緩慢である。組織の細分化と緩やかな統合で業務組織の変革を少しずつ進める。公共サービスに関して総合品質管理（TQC）を組織的に推進するが，課業の科学的管理法であるテイラー主義はとらず，行き過ぎる合理化を忌避する考え方が北欧型の公共管理法である。

　NPMが目指すことは，行政管理から行政経営への転換である。第15－2表は，この対比をまとめて示している。

第15－2表　行財政改革による転換

	行政管理システム	行政経営システム
理論的基礎	1　官僚制論 2　政治と行政の二分論	1　経済学（新しい制度派経済学など） 2　経営学（New Managerialism）
統制の手段	法令・規制	業績／評価
組織形態	明確なヒエラルキーシステム	自律的な業績評価の単位である小規模な組織での「契約によるマネジメント」
組織運営	単一の職務に特化した分業	サービス供給の効率化のための柔軟な組織運営
統制の基準	官治主義	顧客主義
市場メカニズムの活用	例外的な活用	広義の民営化・市場化テスト，内部市場化など契約型システムの広範な適用

（出所）　大住壮四郎『パブリック・マネジメント』日本評論社，2004年。

　伝統的な行政管理の理論的背景は，Max Weberの官僚制論とW. Wilsonの政治・行政二分論である。官僚制は，任命職の専門行政官が，選挙や弾劾など

の民主的責任を負うことなく政治指導を行う政治形態である。20世紀に入って普通選挙制を基礎にした民主政治を求める大衆デモクラシーの隆盛とともに，経済統制や社会保障の必要から，政策の専門化と規格化が深化し，政策決定の権限が次第に行政官に偏り始めた。M. ウェーバーはその原因として，貨幣経済の発達，行政機能の量的・質的拡大，行政における専門的要素の優位，物的経営手段の集中，経済的・社会的差別の均衡化を挙げている。官僚制に伴う官僚の特権性が拡大し，これに民主的責任を保障する手段がないことで，劣悪な官僚制の跋扈が避けられなくなった。近年の日本の官僚達の暴走は，その顕著な特異例である。官僚制は高潔な公僕のもとでしか機能し得ない。

アメリカ行政学の創始者W. ウィルソンやF. J. グッドナウの政治・行政二分論は，政治を目的論でとらえ，自由や正義などの人類的視野の普遍的理念を体現し創造する活動とする。また行政は，近代民主制国家において統治形成の過程で，最大使命である国民の意思を反映する作業であるとし，その方法としての選挙，政党，議会などを管理し，統治による効果や方法の合理化が要求され，国民が行政を能率と節約の観点から監督しなければならないので，政府と地方団体の行政に科学的管理法が適用される必要があることを主張している。

こうして伝統的な行政管理システムが確立したが，公共部門のX非効率や放漫財政による累積債務問題が深刻化すると，このシステムの転換を執拗に迫る国民感情が生まれ，public administrationからpublic managementへの転換が現代の行政特色となった。

行政経営には，戦略，内部管理，外部経営の３種の経営的機能が必要である。組織の目標と優先順位を確立し，目標達成のための執行計画の策定が戦略として求められる。また，組織編制と職員配置，人事監督，人事管理システム，業績コントロールなどの内部管理が必要となる。外部の業務組織への対応，圧力団体，企業，代理業務者への対応，メディアや住民への対応などの外部経営も重要視される。

これらの機能は，旧来の行政管理には不必要である。戦略は考慮外であり，内部管理はプロセスのみが注目され，外部マネジメントは政治家の仕事で，官

僚集団は中立であれば良かった。忖度やデータ改竄などの余地もなかった。リバイアサン政府が衆愚政治に堕するとこのシステムは綻びる。

　行政経営は戦略が中枢機能となり，内部管理は業績志向型に転換され，外部経営は住民参画を推進する開放的行政運営を求めることになる(2)。行政評価の指標としては，3Eが基準で，すなわちeconomy, efficiency, effectivenessの観点から見直すことである。経済性は費用極小化原則，効率性は産出量極大化原則，有効性は産出による成果極大化原則にそれぞれ則って基準としている。投入は市場価格評価，産出は効果数値や指標であるので，費用対効果を基準とする費用便益分析は公共事業プロジェクト評価に限定される。効率性と有効性は便益の定量化が難しいので，業績指標によって業績測定や業績評価をする。

　行政業務には主に3階層構造があり，政策（policy），施策（program），個別案件（project）という3層で構成されている。政策は行政の基本構想，施策は政策目標を達成するための具体的な計画であり，個別案件は施策を構成する項目で予算の単位でもある。施策と個別案件については効率性基準に照らして評価ができるし，達成手段の有効性評価もできる。この場合に用いられる評価法がベンチマーク法で，政策目標の達成度を現状との対比する方法で評価する。現代では，すべての地方団体が行政経営システムで自らの行政事務・事業を厳しく監督し，行財政改革が進展している。

3　主要な行財政改革

　累積債務の深刻化と共に行政改革や財政改革の必要が叫ばれてきた。現代の様々な行財政改革の主要な内容を検討しよう。

　行財政改革は平成時代に継続的に発生し続けた地方税収の減収に端を発している。1999年バブル経済の崩壊と共に地方財政危機が一気に深刻化し地方税収の順調な伸張は突然減収になった。その後の景気対策を主因とする地方歳出の急増は止まらず，ようやく5年後に歳出減少が追跡し始める。地方財政法第4条の規定にも拘らず，最小限度の歳出制限は遵守されなかった。使い切りの

「単年度主義」や一律シーリングでの歳出削減では追いつかなくなり，前年度実績主義も増分主義も予算作成上通らなくなった。行財政の効率化が最大の焦点になり，NPMによる構造改革が進展することになる。三重県が先鋒事例である。

単年度会計は発生主義会計に転換する必要があり，公会計改革が着手されている。また平成の大合併は地方公共団体の存在様式そのものを変更するという地方行政改革の究極の方策である。

NPMの行政経営は，民間活力の利用と経営管理手法の導入を特徴にしている。特に民間活力の利用には各種の方法が提唱され，①市場化テストと民営化，②強制競争入札制度の導入，③PFI等がある。順に詳説しよう。

① 市場化テスト（market testing）

公共サービスの提供に関して官民が対等に競争入札する方法である。市場欠落財である公共財は排除費用が高いために利用対価の徴収に役立てる市場が存在しない。排除費用は取引費用の一種で低額であれば市場が成立し，市場欠落の非効率が防げる。取引費用理論によると，特殊性，不確実性，戦略的重要性の低い業務ほど，市場での契約で調達しなければならない。この理論にしたがって市場メカニズムの導入が唱道された。

市場化テストは，官業を市場にさらすことで効率を高め，公共サービスの質的向上を図る狙いがある。官製市場的な教育，福祉，医療の分野でも検討が進められている。

政府の一部門を完全な民間企業にすることが民営化である。国立大学などの独立法人化は政府の干渉が強く残っているので民営化ではないが，政府規模の肥大化を是正し効率化される可能性がある。民営化は一方通行的な行政改革であり，一度解放されてしまうと取り戻すことができない。「公営の方が良かった」という住民感情が生まれても後の祭りである。国の赤字の元凶と言われた国鉄の民営化でJRが生まれ，赤字解消は順調に進んだ。さらに電信電話公社はNTTに，煙草と塩の日本専売公社はJTに民営化され，成功事例をなしている。

道路公団や郵政の民営化で大きく揺れた日本的行政メカニズムの改変は，想定外の困難も発生させた。民営化の決断は，行政改革の視点だけではなく，広い視野の中で捉えなければならない。

②　強制競争入札制度

アメリカのカーター政権が1978年に制定したThe Civil Service Reform Act，1992年イギリスのメジャー政権で導入されたが1997年のブレア政権で廃止されたCCT（Compulsory Competitive Tendering）がよく知られている。ブレア政権はBest Value原則により，官民連携型の「参画・協働」システム（Public Private Partnership）に転換させた。

この強制競争入札制度は，各種催事について行政側の供給部署もともに参加する方式である。強制競争入札制度の導入で，経費が半減した事例は多い。この方式は平成17年度（2005年度）から試行され，指定翌年6月公共サービス改革法が成立し，行政改革としての成果を挙げている。また，2003年9月から施行された「指定管理者制度」は公共施設の管理を民間企業も指定される枠組みを創設した。

③　PFI（private finance initiative）

民間資金・経営能力・技術力を利用して公共施設の建設整備・維持管理・運営などを効率化させる手法がPFIである。この手法には様々な形態があり，また，第15－3図に示されるような領域に亘っている。道路，空港，橋梁，高齢者施設，病院，学校など公共部門が整備してきた社会インフラについて，設計，資金調達，建設，運営を可能な限り民間企業に任せようとする制度である。

概略的には，3種があり，Ⓐ独立採算型，Ⓑ公共サービス購入型，Ⓒジョイント・ベンチャー型，である。Ⓐ独立採算型は，施設利用者から民間企業が徴収する料金収益で建設費と運営費を回収する形態である。Ⓑ公共サービス購入型は，建設・運営費を民間企業に政府が支払う形態である。Ⓒジョイント・ベンチャー型は，事業費用の一部を政府が負担し，残余は他の収入源で賄う形態である。Ⓐは老人ホームや図書館，Ⓑは刑務所，ITシステム構築，Ⓒは交通インフラ整備や再開発事業の事例がある。1997年にメジャー政権下の「市民憲

章」に倣って日本でも導入された。水道，図書館，病院，コンテナターミナル等の事例や美称社会復帰促進センターのようなPFI刑務所もできたが成功は難しい。

　PFIには多種の様態があり，Design（設計），Build（建設），Finance（資金調達），Operate（運営），Transfer（権限委譲）のどのような段階に民間活力を利用するかに応じて，DB方式，DBFO方式，BOT方式，BFOT方式など多彩である。海外の空港建設はBOT方式によることが多く，いわゆる「資金を出させて，造らせて，儲けさせて，政府所有に移転させる」ことで，公共部門はある程度の時間経過後に無償で空港施設を地域に整備することが可能となる。香港チェク・ラプ・コク空港はPFIの先進事例として注目された。

第15-3図　Ｐ Ｆ Ｉ

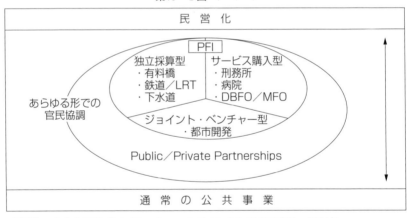

（出所）　大住壮四郎『パブリック・マネジメント』日本評論社，2004年。

　PFIの具体的効果として，民間事業者の経営能力や技術力を活用でき，事業の全域的リスク管理が効率化すること，設計，資金調達，建設，運営の一体的計画の中で事業コストが削減できること，民間事業者とのリスク分担を明確化して将来の財政負担を把握できること，民間の事業機会を創出して経済活性化の契機になること等が期待されている。

　地方公共団体がPFI事業を実施するとき，自治省財務局長通知により相当に

手厚い財政措置が約束される。主な内容は，当該施設の所有権が一定期間経過後に地方公共団体に移転すること，あるいはPFI契約期間が施設耐用年数間継続することを要件として満たす事業について，地方団体の施設整備に国庫補助負担制度がある事業の場合は，これをPFIで整備しても同等の措置が講じられ，その場合同等の地方債措置，地方交付税措置も講じられる。さらに，財政的措置がない地方単独PFI事業についても事業内容に準じて一定範囲の地方交付税措置が講じられることになっている。

　行政経営システムへの転換は，より広範囲に拡延していかなければならない。小規模事業では民間事業者には不向きとされているが，都道府県単位で取りまとめて「規模の利益」が出るように大規模事業化する工夫も検討しなければならない。さらに，フランスが導入している社会資本の管理・監督・維持・保全業務の一体的契約であるアフェルマージュ契約（affermage contracté　請負契約）のような包括的委託方式等も導入する必要がある。

4　公会計改革

　企業会計手法である発生主義会計は欧米に遅れて，ようやく1998年に三重県が導入し，東京都，宮城県，藤沢市，杵築市が取り組んできた。国政レベルでは1999年小渕恵三内閣が公会計改革の必要性を提言している。

　公会計システムは，現金主義で現金取引発生時に記帳するフロー会計のみであったが，資産や負債の確認がないので，財政運営の結果として累積債務が積み上げられていく時期には役に立たない。2007年問題と騒がれた団塊世代の大量退職に際し，退職金の資金確保が大問題になった。ほとんどの自治体は負債としての退職金引当金積み立てを認識せず，全国の地方公共団体の退職手当債は5,300億円も発行せざるを得なかった。行政コストを正確に把握できてこそ行政効率化になる。

　現金通帳と支払領収書だけで公金の管理が十分であるはずがなく，職員による横領や虚偽記載事件は後を絶たない。公会計改革によって企業会計が導入さ

れ，負債管理や資産経営が，損益計算書，貸借対照表とともに透明化され，明示されるようにしなければならない。第15−4図は東京都による財務会計システムの改革を図示している。

第15−4図　新財務会計システムに係る会計事務の流れ

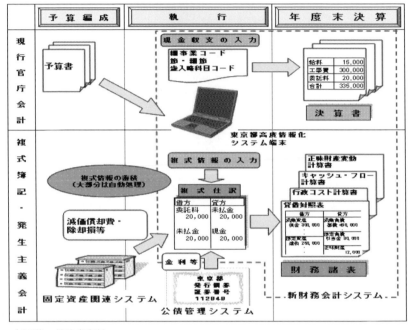

（出所）　総務省資料。

　公共部門の経済活動について，現金の流れで測定し記録し計算し報告することが公会計である。予算決算書（財務諸表）を作成して公表し，国民の知る権利を保障し財政責任及び会計責任を果たさなければならない。

　公会計は３種である。①政府会計区分で，課税権と費用徴収権に基づいて給付サービスをする分野に係る会計は，会計年度独立の原則と事務事業非連続性がある。②公企業会計区分で公共料金による原価回収で給付サービスをする分野に係る会計は，資本拠出，継続事業，独立採算制が特徴である。③信託・公保険会計区分で，特定地域・職域での特定階層を保険集団として保険原理に

よって給付サービスをする分野に係る会計は，受託会計である。

　これらの３種の会計区分に基づいて会計処理をするには，収支計算書，また
は，損益計算書・貸借対照表を公共複式簿記によって作成し，行政社会会計と
しての行政目標達成表を添付する。各会計区分ごとの財務諸表は連結財務諸表
にまとめ，公共部門の経営状況を示す情報となる。第15－５表は主要国の会計
システムである。

　公会計改革の目的は，政府の財務情報の開示と，公共部門の業績に関する説
明責任の確保の２点である。行政経営の経済性と効率性とを測定する基礎情報
になる。公共部門の保有資産とその取得に必要な経費（税収），また経費繰り
延べ（公債債務）の状態についての情報開示のためにも完全発生主義に転換し
なければならない。表にあるように世界の主要国は完全発生主義会計を用いて
いる。

　平成24年度から，地方財政の公会計システムは，純資産変動計算書も作成し，
行政コスト計算書，貸借対照表，資金収支計算書，の作成や情報開示を要請さ
れている。連結ベースの「財務４表」による企業会計システムに近づく公会計
改革が進展中である。都道府県，市町村が試行作成している。

　国家財政にもこのような改革は必要であり，財政の「見える化」は国民の知
る権利に貢献して，アカウンタビリティを発揮できることになる。

第15－５表　主要国の会計システム

国名	日本・ドイツ	日本・ドイツ	フランス	アメリカ カナダ オランダ スペイン	イギリス オーストリア スウェーデン ニュージーランド
収支の認識基準	現金主義	修正現金主義	修正発生主義	発生主義	完全発生主義
測定の焦点	貨幣性資産・負債	貨幣性資産・負債	財務資源	経済資源 固定資産は簿外	経済資源

（出所）　PHP総合研究所『日本の政府部門の財務評価』表２（３列目日・独は改革後）

5 財 政 再 建

　行財政改革，公会計改革を経て，財政再建は挑戦されつつある。しかし，COVID 19による長期の自粛が甚大な経済的低迷を招いて世界経済危機をもたらした。財政再建は，再び先送りされ，経済危機脱出のための巨額赤字補整を迫られて後退した。117兆円超規模の経済テコ入れ策が実行された。

　2050年までには，人口減少が進み，団塊世代の年金受給も減少し，長期で見れば，人口9,000万人の経済になる。したがって，現在の財政欠陥と累積債務とは自然解消を俟つこともできる。国家は私企業とは異なり，消滅の危機はなく，MMTが強調するように，貨幣大権を保有する唯一の経済主体である。

　しっかりとした歯止めを設定しながら，新しい紙幣の発行やデノミネーションも模索できる。日本経済の伝統的な消費抑制傾向は容易に治らないし，浪費に走る国民性もないので，インフレやスタグフレーションの発生確率は低いと予測される。インフレは債務価値を低落させるが，もろ刃の剣である。

　財政再建は時間をかけて，福島原発の廃炉処理のようなスローペースでも許容される。累積債務ゼロでも，累積債務1,200兆円でも現実の国民生活に特段の変化はない。災害と疫病と債務膨張のトリレンマにミクロレベルの取り乱しは不要である。

【注】

(1) Aucoin, P., *The New Public Management : Canada in Comparative Perspective*, The Institute of Research on Public Policy, 1995.

(2) Allison, G., *Essence of Decision : Explaining the Cuban Missile Crisis*, Little, Brown, 1971. (宮里政玄訳『決定の本質――キューバ・ミサイル危機の分析』中央公論社, 1977年)

【参考文献】
・　総務省『地方財政白書』平成31年版。
・　『経済のプリズム』No. 163, 2017年12月。
・　大住荘四郎『ニュー・パブリック・マネジメント』日本評論社, 1999年。

- 佐藤主光『地方財政論入門』新世社，2009年。
- PHP総合研究所『日本の政府部門の財務評価』，1999年6月。

第16章　財政投融資

1　財政投融資 (fiscal investment and loan)

　財政投融資は，かつて「第二の予算」とよばれる大規模な政府融資制度で，長く日本経済の発展を支えた制度であったが，小泉内閣の三位一体改革と郵政民営化によって，その当初の任務を終えた。現在では，小規模ながら制度改革を経て財政機能を果たしている。

　第16−1図は，改革後の財投システムの概要である。このシステムは国の信用を基盤として調達した資金を貸し付け，あるいは出資する金融活動である。

第16−1図　財政投融資制度

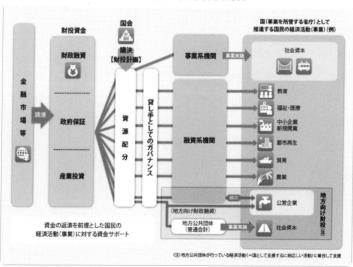

（出所）　財務省HP　http://www.mof.go.jp/file/

政府は，財政投融資計画を策定し国会に提出して承認を受けなければならない。一般会計の補完的役割を果たす金融活動である。

　基本的な仕組みは，まず，資金調達から始まる。政府は金融市場から財投債（10年国債）や政府保証債によって財政融資資金を得る。政府保有のNTT株式等からの配当金も資金に用いる。この原資を独立行政法人住宅金融支援機構や株式会社日本政策投資銀行などの財投機関に配分する。これらの融資系機関や事業系機関，地方公共団体などの財投機関が中小企業政策，国際協力，環境政策，インフラ整備，等に貸付，出資を行う。これが財政投融資である。

　具体的な資金供給手法として，財政融資，産業投資，政府保証の３種がある。

① 財政融資は，国債の財投債を発行して金融市場から調達した資金を政策上必要な分野に融資することである。長期・固定・低利での資金供給が可能になるので民間では困難な融資ができる。財投機関への融資は国債金利で融資する。財政投融資特別会計の財政融資資金勘定で経理を行う。

② 産業投資は，財政投融資特別会計の投資勘定が保有するNTT株やJT株などの配当金を原資とする投資で，産業開発や貿易振興のために資金供給する。財政投融資特別会計投資勘定で経理を行う。高リスクな産業分野であるために民間では十分に資金供給ができない事業に長期のハイ・リターンの期待の下に長期リスク・マネーを供給する。

③ 政府保証は，政策金融機関が独自の資金調達をする場合に，政府保証をつけて事業に必要な資金を円滑に有利に調達できるように助力することである。政府は元利払いを保証し，公庫・公団の発行する政府保証債は民間金融機関が引き受け，それを不特定多数の投資家に売却する。

2　財政投融資の対象

　財政投融資は有償資金の金融であり，補助金などの無償資金の予算措置とは異なる。投融資の対象は事業の性格によって区分される。事業が採算性を有し，事業者も貸付金返済にコスト意識をもつことで事業が効果的に進展すると期待

できる場合は適格対象になる。具体的には，中小企業，農林水産業，教育，福祉，医療，社会資本，産業・研究開発，国際金融やODA，地方公共団体などである。

民間金融機関だけでは十分な資金供給ができない分野に，株式会社日本政策金融公庫などを通して低利で長期リスク・マネーを貸与して日本の経済・産業基盤を支えることができる。

学生などへの奨学金貸与事業のうち，有利子奨学金の貸与事業は財投融資が活用されている。また都市再開発や空港整備などの社会インフラ整備は大規模で超長期にわたる巨大プロジェクトであるため，長期・低利の財政投融資の特性を活かしやすい。

日本の産業の国際競争力を維持強化するための産業・研究開発は重要な経済戦略であり，長期リスク・マネーの供給が不可欠の要素になる。さらに，円借款を通じて途上国の開発支援に貢献できれば，国際社会における日本の指導力を発揮できる。円借款は緩い貸付け条件（grant element）付きの返済義務のある有償資金協力で，1990年代に日本は世界一のODA実績を収め続けた。

国内の住民生活を守る地方自治体の所轄事業のなかで，災害復旧や廃棄物処理などは，国の責任が重く政策上の重要性も高い。財政投融資が資金の安定的な確保を保障できるので投資的事業には必ず活用されている。

3　財政投融資計画

財政投融資を整合的に他の財政・金融政策と一体化して機能させるために，財政投融資計画は予算編成と同時に策定される。財政融資資金の長期運用に対する特別措置に関する法律に従って，5年以上の長期にわたる資金運用を計上する。策定に際し，政策コスト，国民ニーズ，社会経済情勢の変化などに的確に対応し，投融資対象としての適格事業か，償還確実性はどうか，一般会計施策と整合的かなども審査されて計画が作成される。

策定された財政投融資計画は，それぞれの原資ごとに予算の一部として国会

に提出される。財政投融資は特別会計予算総則の財政投融資資金の長期運用予定額として計上される。産業投資は財政投融資特別会計投資勘定の歳入歳出予算として，また政府保証は一般会計予算総則の債務保証契約の限度額として計上され，国会の審議・議決を得る。

　この計画の運用実績は原資ごとに会計検査院を経て国会に提出されている。補整予算により追加も可能であるし，国会で議決された特別会計予算総則及び一般会計予算総則に基づいて，年度途中でも公庫，独立行政法人等に対する財政融資資金の長期運用予定額や政府保証の限度額を50％以内で増額することもできる。この時，財政融資資金の長期運用予定額の合計額の25％以内に増額の合計額が収まっていなければならない。

　最近の計画規模は15～18兆円であり，かつての100兆円を超えるような規模にはならない。租税資金を運用する一般会計と財政融資資金を運用する財政投融資の分担関係は第16－2表に示されるような関係にある。

第16－2表　一般会計と財政投融資との分担

区　　分	一般行政	インフラ整備	中小企業政策	環境政策	国際協力
一般会計 （租税資金）	国防，警察 外交	一般道路	基盤整備 信用保険	研究開発	無償援助 JICA
一般会計 ＋財政投融資		下水道 都市高速道路	特別貸付	水源林造成 （緑資源公団）	有償支援 （国際協力銀行）
財政投融資		高速道路， 住宅都市基盤	一般貸付 （公庫）	地球環境対策 （政策投資銀行）	借款 （国際協力銀行）

4　財政投融資の利点

　財政投融資の利点として，いくつかの特性を指摘できる。
財政の資源配分機能や環境保全機能を果たす上で，財政投融資の有効性が高い。政府の信用を背景に年金積立金，簡易保険資金等の相当な大きさの資金を原資にする金融活動を広範囲に拡大できるので，港湾，公共交通，空港，エネル

ギー開発，インフラ整備，環境保全分野の諸事業を支援できた。この状況は平成13年度（2001年度）以降，郵便貯金等の預託義務が廃止されたために，原則的には各財投機関債による自己調達になり，財投債による調達資金も貸付けられ，効率的な市場原理と調和した資金繰りの下で展開されるようになった。

　租税資金と公債に頼る一般会計とは異なり，安定的な資金調達ができるので，景気対策の機動的な発動に用いることができる。また追加予算手続きも簡素なため，収益性のある高速道路やインフラ整備は前倒し実施が可能になり，中小企業の雇用拡大等のために，長期低利の融資枠を使えるので，迅速な経済安定化施策を発動できる。リーマン・ショック後の不況下に3回の補正予算で8兆円の大規模追加を行い，景気対策ができたことはこの財政投融資システムのメリットであった。

　さらに，財政投融資を一般会計と併用することで，財政活動は範囲を拡張でき，財政効率化に貢献できる。租税収入に伸張性がなく公債による借り入れで補いながら一般会計だけで政府活動の経費全般を賄うことはできないので，産業の下支えとして機能している資金調達力の弱い中小企業の支援には財政投融資による公的金融の補完が必要である。

　しかしながら，財政投融資は長期の低利融資が主体であるので，一般会計と異なり，ストック視点で管理していかなければならない。そのため，融資残高の増し嵩に注意しなければならない。融資残高の推移は第16－3図に示される。

　財投債は政府の累積債務にはカウントされないので，膨張傾向がある。財政投融資制度の改革がスタートしてから，この残高は平成12年度（2000年度）の417.2兆円をピークに，順調に減少している。近年ではほぼ170兆円程度に縮減されてきている。

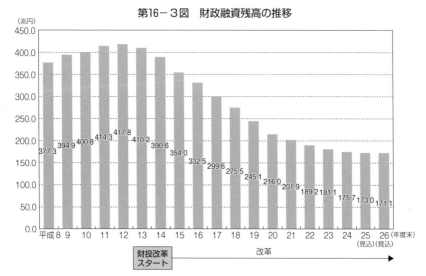

第16-3図　財政融資残高の推移

（兆円）

（注）　平成24年度までは実績。平成25年度以降は，平成26年2月時点の見込であり，
　　　　今後異同を生ずることがある。
（出所）　可部哲生編『日本の財政』東洋経済新報社，2014年，312頁。

　ニスカネン・モデルが指摘する官僚の非効率行動などの弊害も拡大しやすいので，財政投融資機関や特殊法人について不断のチェックをし続けなければならない。

　財投機関が民間の金融市場で個別に財投機関債を発行して資金調達することもある。これは政府保証のない公募債券である。18機関が4兆円規模の発行を予定したこともあった。この時，1兆円程度が資産担保証券であり，残余の機関債残高も財投規模の減少幅と歩調を合わせている。

　最大の融資先は地方公共団体で融資残高は70兆円程度である。地方財政の立ち直りが見えてきてはいるが，COVID 19の感染禍による地域経済の疲弊が激しいので，財政投融資システムの存在が頼りになる。

【参考文献】
・　可部哲生編『日本の財政』東洋経済新報社，2014年。
・　内山昭編『財政とは何か』税務経理協会，平成26年。

索　引

223

226

著者紹介

李　熙錫 (イー・ヒーソク)
1969年　韓国生まれ。
2004年　明治大学大学院政治経済学研究科博士後期課程修了，経済学博士。
現　在　城西大学経済学部教授，経済学部長。

著者との契約により検印省略

令和2年11月25日　初版第1刷発行

財　政　学

著　者	李	熙　錫
発行者	大　坪	克　行
製版所	税経印刷株式会社	
印刷所	有限会社山吹印刷所	
製本所	株式会社三森製本所	

発行所　〒161-0033 東京都新宿区
　　　　下落合2丁目5番13号　　　株式会社 税務経理協会

振　替　00190-2-187408　　　電話 (03) 3953-3301 (編集部)
ＦＡＸ (03) 3565-3391　　　　　　 (03) 3953-3325 (営業部)
URL　http://www.zeikei.co.jp/
乱丁・落丁の場合は，お取替えいたします。

© 李　熙錫 2020　　　　　　　　　　　　　　Printed in Japan

ISBN978-4-419-06755-7　C3033